Eva Maria Lipp

Richtig gute Strudel

Eva Maria Lipp

Richtig gute STRUDEL

Die besten Rezepte zum Selbermachen

löwenzahn

Inhalt

Süße Saucen

Beliebte Suppenstrudel

Wunderbare Hauptspeisenstrudel

Herzhafte Beilagenstrudel

Süß gestrudelt

Kleine Strudelgerichte aus Restteig

Ⓥ vegetarischer Strudel

Glossar

Backrohr → *Backofen*
Debreziner → *kleine, scharf gewürzte Brühwurst*
Eierschwammerl → *Pfifferling*
Einbrenn → *Mehlschwitze, Schwitzmehl*
Erdäpfel → *Kartoffeln*
Faschieren → *Fleisch durch den Fleischwolf drehen; Zutaten mit dem Cutter sehr fein hacken*
Faschiertes → *Hackfleisch*
Fisolen → *grüne Stangenbohnen*
Flotte Lotte → *Passiergerät, Passe-vite*
Frühlingszwiebel → *Jungzwiebel*
Germ → *Hefe*
Grammeln → *Grieben*
Heidelbeere → *Blaubeere*
Karotte → *Möhre, gelbe Rübe*
Kren → *Meerrettich*
Lauch → *Porree*
Marille → *Aprikose*
Marmelade → *Konfitüre*
Polenta → *Brei aus Maismehl oder -grieß; Plente*
Packerl → *Päckchen*
Powidl → *Pflaumenmus, Pflaumenmarmelade*
Rote Rüben → *Rote Beete, Rohnen*
Rotkraut → *Blaukraut*
Sauerrahm → *saure Sahne*
Schlagobers → *Schlagsahne*
Semmelbrösel → *Paniermehl*
Semmeln → *Brötchen*
Staubzucker → *Puderzucker*
Topfen → *Quark*
Weißkraut → *Weißkohl*
zerklopftes Ei → *verquirltes Ei*
Zwetschken → *Pflaumen*

Abkürzungsverzeichnis

g → *Gramm*
l → *Liter*
ml → *Milliliter*
TL → *Teelöffel*
KL → *Kaffeelöffel*
EL → *Esslöffel*
Pkg. → *Packung*
Msp. → *Messerspitze*

Mengenangabe

Ein Strudel reicht, wenn nicht anders angegeben, für 8 Personen.

Vorwort

Herrlich strudelig – vielseitige Strudelvarianten von der pikanten Hauptspeise bis zur süßen Versuchung

Die Serie „Richtig gut ...“ bekommt mit diesem Strudelbuch erneut Zuwachs. Es erwarten Sie abermals 80 Rezepte, die erprobt sind und eine wunderbare Strudelvielfalt darstellen. Eine kulinarische und eine jahreszeitliche Strudelauswahl, die sich sehen lassen kann.

Viele haben vor dem Strudelteig großen Respekt. Dabei ist dieser sehr einfach zuzubereiten, wie Sie den Rezepten und Tipps entnehmen können. Und hat er beim Ausziehen einmal ein Loch, dann ganz einfach cool bleiben. Strudel füllen, einrollen und schon ist das Problem gelöst. Niemand sieht und merkt es mehr – also einfach loslegen und ausprobieren!

Selbst zubereiteter Strudelteig lässt viele Spielräume in der Form und Größe sowie in der Verwertung von Teigresten. Zudem schmeckt dieser besser und ähnelt nicht einem Pergamentpapier, das beim Anschneiden der Gebäcke absplittert.

Strudel haben in der österreichischen Küche und weit darüber hinaus eine lange Tradition. Kein Wunder – der Strudelteig dient zur Umhüllung einer wunderbaren Fülle jeder Art und ist durch die sehr einfachen Zutaten nicht gehaltvoll und ungesüßt. Ausnahmen bilden die auch als Strudel bezeichneten Gebäcke aus anderen Grundteigen, z.B. aus Germteig.

Wenn man in Österreich an Strudel denkt, fallen einem meist zuerst der gute alte Apfelstrudel ein und gleich darauf der süße Topfenstrudel. Je nach Region auch der Krautstrudel oder Erdäpfelstrudel. Einen süßen Germteig, gefüllt mit Nüssen oder Mohn, hat man in meiner Kindheit auch immer Strudel genannt. Das Wort Potize kannte man damals bei uns nicht. Alles, was gefüllt und eingerollt war, wurde landläufig als Strudel bezeichnet. Diese Tradition sollte daher auch bewahrt werden und findet sich in diesem Buch wieder.

Was Strudel außerdem so beliebt macht, ist die Menge, die auf einmal zubereitet werden kann. Noch dazu, wo sich Teig und Fülle so gut vorbereiten lassen. Geschmacklich und auch hinsichtlich echter, natürlicher Zutaten sind selbst gemachte Gebäcke immer vorzuziehen. Ein richtig schöner und herzhafter Strudel ist aber auch immer der Stolz der Bäckerin oder des Bäckers. Mit diesem Buch gebe ich alle meine Strudelerfahrungen mit Vergnügen weiter. Ich teile mein Wissen und meine Freude an der Arbeit sehr gerne, damit Ihnen diese vielseitigen Rezepte ebenso tolle Koch- und Geschmackserlebnisse bereiten wie mir!

Herzlichst!

Einleitung

Strudel und ihre internationale Geschichte

Strudel ist keine ursprünglich österreichische Spezialität. Andere Kulturen haben diese geschmackliche Besonderheit nach Österreich gebracht. Die Geschichte des Strudels beginnt bei den Arabern und Türken, die aus dem Teig süßes Gebäck herstellten und mit Rosenwasser und Orangenöl parfümierten. Möglicherweise kam der Strudelteig über das Rezept der türkischen Baklava über den Balkan nach Österreich bzw. nach Europa.

Die Feinheit des Strudelteiges stand schon immer im Mittelpunkt seiner Zubereitung. So gelang es in Budapest, hauchdünne Gebilde zu servieren. Diese gab es nur dort. Das Geheimnis lag schlussendlich und ganz einfach am verwendeten Weizenmehl. So gelangte das ungarische Weizenmehl auch nach Paris – denn das Hotel Ritz wollte seinen anspruchsvollen Gästen die hauchdünnen Teige und Gebäcke ebenso servieren. Im Osten Österreichs – an der Grenze zu Ungarn und den slawischen Ländern – hielt der Strudelteig schlussendlich Einzug in unser Land.

Wie alt der Strudel ist, bleibt wohl ein Geheimnis in der Küchengeschichte. Jedenfalls wurde er bereits im Jahr 1696 erstmals schriftlich erwähnt. Durch Maria Theresia gewann der Strudel an Popularität und wurde zu einer salontauglichen „Wiener Mehlspeise", insbesondere durch den Altwiener Apfelstrudel.

Inzwischen ist der Strudel in ganz Österreich ein fundamentaler Bestandteil der Küche und kann auf eine lange Tradition verweisen.

Vielfältige Verwendung

Kaum ein Teig ist so vielfältig zu verwenden wie der Strudelteig. Er kann gebacken, frittiert oder gekocht werden. Der Strudel wird sowohl als Suppeneinlage, als Hauptgericht, als Beilage und auch zum Dessert serviert.

Ein Strudel darf mit allem, was gut ist und schmeckt, gefüllt werden, z.B. mit Schwammerln, Bohnen, Kraut, Erdäpfeln, Fleisch, Speck und vielem mehr. Aber auch Schleckermäulchen kommen nicht zu kurz. Strudel mit süßem Inhalt wie Topfen, Schokolade, Mohn oder Früchten der Saison sind immer beliebt. Achten Sie beim Einkauf besonders auf österreichische Qualitätsprodukte.

Der König aller Strudel aber war und ist der Apfelstrudel. Serviert wird er warm oder kalt, mit Zimt und Rosinen, mit oder ohne Nüsse, aber stets stark mit Zucker bestreut. Ebenso können die pikant gefüllten Suppenstrudel zu Österreichs Lieblingsstrudeln gezählt werden.

Makelloser Strudelteig

Die Zubereitung eines makellosen Strudelteiges ohne Löcher und Risse zählt zu den schwierigen Küren in der Küchenpraxis. Könner bringen hauchdünne Teige zustande – selbstverständlich ohne das kleinste Loch. Wenn der Teig so dünn ist, dass man damit eine Zeitung bedecken und die Buchstaben darunter trotzdem noch lesen kann, ist er perfekt.

Natürlich muss man sich diese Arbeit und Aufregung heute nicht mehr selbst antun, es gibt auch Strudelteige zu kaufen. Mit einem selbst gemachten und selbst gezogenen Strudelteig können diese aber alle nicht mithalten. Weder im Aussehen und schon gar nicht im Geschmack. Die nachstehenden Tipps sind gerade am Anfang eine große Hilfe und sollen auch Sie zu perfekten Strudelbäckerinnen und Strudelbäckern machen!

Und ein Sprichwort trifft beim Strudelteig ganz sicher zu: Übung macht den Meister!

Tipps zum perfekten Gelingen

Strudel sind geschmackliche Alleskönner – von herzhaft bis süß, von der köstlichen Vorspeise bis zum krönenden Abschluss. Damit der Strudel aber auch richtig gut wird, werden hier typische Fehler, deren Ursachen und Verbesserungsvorschläge beschrieben.

- Zutaten mit dem Mixer vermengen und danach mit der Hand gut kneten.
- Der Teig soll so lange geknetet werden, bis er eine seidig glatte Oberfläche hat.
- Teig mit Öl bestreichen und zugedeckt rasten lassen; zusätzliche Wärme erfordert weniger Rastzeit (beispielsweise den Teig bei 50 °C ins Backrohr stellen (bei Ober- und Unterhitze oder Heißluft); oder die Schüssel, die zum Rasten über den Teig gestülpt wird, mit heißem Wasser auswaschen). Je mehr „Entspannungszeit" für den Teig gegeben ist, desto besser lässt er sich ausziehen, mind. jedoch 30 Minuten.
- Strudelteige, welche für Kleingebäcke weiterverarbeitet werden, nicht ausziehen, sondern auswalken. Der Teig sollte 2–3 mm dick sein. Danach werden entweder Rechtecke oder Quadrate geschnitten und gefüllt. Wenn der Teig bei solchem Kleingebäck zu dünn ist, reißt er leichter während des Backvorganges auf.

- Ringe und Uhren vor dem Ausziehen des Teiges herunternehmen.

- Zum Ausziehen des Strudelteiges ein Strudeltuch auf einem Tisch oder der Arbeitsfläche auflegen und in der Mitte bemehlen. Den Strudelteig darauflegen und ebenfalls leicht mit Mehl bestreuen. Mit dem Nudelwalker zu einer Fläche mit ca. 40 cm Durchmesser ausrollen. Dann leicht mit Pflanzenöl benetzen und über den Handrücken ausziehen. Wenn der Teig dann von der Mitte her schon schön fein ist, diesen ablegen und auf der Arbeitsfläche auch an den Rändern noch dünn ausziehen.

- Der ausgezogene Strudel wird zu zwei Dritteln gefüllt, ein Drittel wird mit Fett bestrichen.

- *ACHTUNG! Heiße Füllungen gut auskühlen lassen!* Der Teig kann brechen. Streichfüllungen werden direkt auf den Teig gestrichen.

- Füllen mit faschiertem Fleisch immer roh in den Teig geben, damit sich die Fülle dann auch gut bindet.

- Obstfüllungen kommen auf ein Brösel-Butter-Gemisch oder auf einen Biskuitteig.

Einmaleins der Teigzubereitung

Eigenschaften der Teigzutaten

Mehl: Verwendet wird glattes Weizenmehl Type 700. Es können aber auch Vollkornmehle wie z.B. Dinkelvollmehl, Weizenvollmehl oder andere Mehlsorten der Weizenfamilie verwendet werden. Vollkornmehl erfordert allerdings mehr Flüssigkeit. Es ist wahrscheinlich sinnvoll, zuerst mit einer Mischung aus Vollkornmehl und Auszugsmehl zu beginnen. Glutenfreie Teige können nicht gezogen werden. Sie müssen ausgerollt werden.

Fett: Ob man Öl, Butter oder Schmalz als Fettstoff zusetzt, ist dem persönlichen Geschmack überlassen. Durch das Fett trocknet der Teig nicht so schnell aus, allerdings wird er durch eine zu hohe Fettzugabe mürb und reißt beim Ausziehen leichter.

Lauwarmes Wasser: Es festigt den Kleber im Mehl besser als kaltes Wasser. Der Teig entspannt sich während des Rastens schneller.

Essig: Durch das Zugeben von Säure wird der Kleber aktiviert und der Teig lässt sich leichter bearbeiten. Das Ausziehen des Teiges wird dadurch erleichtert.

Salz: Hemmt die Quellung (Wasseraufnahmevermögen) des Klebers, aber Salz verbessert den Geschmack und sollte daher auch in kleinen Mengen bei süßen Speisen dazugegeben werden.

Ei: Es macht den Teig splittriger und ist bei guten Mehlen nicht notwendig. Verwendung von Ei ist nur bei gekochten Strudeln von Vorteil. Es bindet den Teig noch mehr, verbessert den Geschmack und auch die Farbe des Strudels.

Kleine Pannenhilfe

Die Teige

PROBLEMBEREICHE	URSACHEN	VERBESSERUNGSVORSCHLÄGE
Strudelteig reißt beim Ausziehen.	Falsches Mehl	Glattes Mehl eignet sich viel besser als griffiges.
	Zu kurze Rastzeit	Strudelteig muss mindestens eine halbe Stunde rasten. Besser noch länger.
	Abgetrocknete Teigoberfläche	Teig nach dem Kneten mit Öl bestreichen und gut zugedeckt rasten lassen.
	Kein Essig im Teig	Essig ist wichtig für die Geschmeidigkeit des Klebers.
	Strudelteig ist in Spannung.	Strudelteig vor dem Ausziehen nicht nochmals kneten, ansonsten müsste er wieder rasten.
Strudelteig ist nicht gleichmäßig glatt.	Zu wenig geknetet	Teig sehr gut durchkneten, bis die Oberfläche glatt ist.
Strudelteig klebt nach dem Ausziehen am Strudeltuch.	Zu weicher Teig	Weiche Teige sind sehr schwer zu verarbeiten. Die Festigkeit sollte so sein, wie wenn man auf einen Muskel drückt.

PROBLEMBEREICHE	URSACHEN	VERBESSERUNGSVORSCHLÄGE
Strudelteigränder bleiben dick.	Teigränder nicht fertig ausgezogen	Die Teigränder werden am Strudeltuch rundum sorgfältig ausgezogen.
Strudelteig klebt beim Ausziehen wieder zusammen.	Teig feucht und klebrig	Nach dem Ausrollen und vor dem Ausziehen mit etwas Öl bestreichen.
Teigränder unerwünscht	Zu wenig ausgezogen bzw. zu fester Teig	Teigränder mit einem Teigrad abschneiden, zusammenkneten und wieder entspannen lassen. Kann z.B. für Cracker (Seite 185) verwendet werden.
Teighülle hält die Fülle nicht zusammen.	Zu viel Fülle bzw. zu viel Teigfläche befüllt	Maximal ein Drittel der Teigfläche mit Fülle bestreichen bzw. belegen.

Die Füllen

PROBLEMBEREICHE	URSACHEN	VERBESSERUNGSVORSCHLÄGE
Fülle tritt beim Backen aus.	Zu nasse Fülle	Bei Gemüsestrudel z.B. vorher Flüssigkeit abgießen.
		Bei Topfenfüllen immer 30 g Maisstärke zugeben, damit die Feuchtigkeit gleich gebunden wird.
Strudel schmeckt schlussendlich fad.	Fülle zu wenig gewürzt	Füllen immer gut würzen, denn während des Backprozesses nehmen andere Zutaten die Würzung noch auf.
Strudel reißt beim Einrollen.	Zu warme Fülle	Füllen müssen immer kalt sein.
	Zu weicher Strudelteig	Strudelteige nie zu weich machen, da diese sehr empfindlich sind.
	Zu viel Fülle	Der dünne Teig kann nur eine bestimmte Menge Fülle zusammenhalten. Fülle dann um gut ein Drittel reduzieren.
Strudelteig blättert nicht.	Restliche freie Teigfläche klebt beim Backen zusammen.	Restliche Teigfläche immer mit zerlassener Butter oder Öl beträufeln.

Gartechniken

Im Rohr backen:

- Zusammengerollten Strudel mit der Nahtstelle auf ein gut befettetes oder mit Backpapier ausgelegtes Blech setzen.
- Strudel mit Fett oder Ei bestreichen.
- Bei 180 °C bis 200 °C im vorgeheizten Rohr 40 bis 50 Minuten backen. Die Strudel können bei dieser Temperatur sowohl bei Heißluft als auch Ober- und Unterhitze gebacken werden.

Im Salzwasser kochen:

- Zusammengerollte Strudel mit einem Kochlöffel in rechteckige Stücke teilen oder mit einem Tellerrand durchtrennen.
- Offene Teigenden mit den Fingern zusammendrücken.
- Oder Strudel schneckenförmig zusammenlegen bzw. in ein Tuch einschlagen.
- Dann in kochendes Salzwasser geben und leicht wallend kochen bzw. dämpfen.
- Oder, wenn vorhanden, im Dampfgarer garen.

Im Fett backen:

- In heißem Fett bei 160 bis 180 °C backen, wobei der Topf oder die Pfanne nicht zugedeckt werden darf, damit der entstehende Wasserdampf entweichen kann.
- 1–2 Mal umdrehen.
- Danach auf Küchenkrepp oder auf einem Gitter gut abtropfen lassen.

Grundrezepte Strudelteige

Gezogener Strudelteig
Für gebackene Strudel:

250 g Mehl
1 EL Öl
ca. 125 ml lauwarmes Wasser
Salz
1 EL guter Essig

Öl oder Butter
Mehl zum Ausrollen

Zum Bestreichen:

Ei macht den Strudel knusprig. Der Teig wird dadurch härter und bekommt eine schöne goldgelbe Oberfläche. Das Ei vorher zerklopfen. Bestrichen wird vor dem Einschieben in den Ofen.

Fett (Butter oder Pflanzenöl) macht den Strudel fest. Wer eine harte Strudelkruste will, ist damit richtig. Bestrichen wird vor dem Einschieben in den Ofen.

Milch macht den Strudel mürbe bis gut zäh. Bestrichen wird vor dem Einschieben, einmal während der Backzeit und beim Herausnehmen der Strudel. Bei manchen Strudeln wird auch Obers genommen, welches einen schönen Glanz ergibt und meist für Festtagsgebäcke verwendet wird.

Tipp: Die Wassermenge für den Teig ist abhängig von der Mehlqualität und von der Wärme des Mehles. Warme Mehle können mehr Flüssigkeit aufnehmen.

1 Alle Zutaten in eine Rührschüssel geben und mit dem Handmixer mit Knethaken zu einem mittelfesten Teig verkneten. Danach den Teig auf die bemehlte Arbeitsfläche geben und von Hand so lange kneten, bis dieser glatt ist.

2 Auf einen Dessertteller 1 EL Pflanzenöl geben und den Teig darin rundum mit Öl benetzen. Mit einem Topfdeckel, der Rührschüssel oder Frischhaltefolie abdecken, damit dieser an der Oberfläche nicht austrocknet. Mindestens eine halbe Stunde rasten und entspannen lassen.

3 Dann auf einem Strudeltuch in der Mitte etwas Mehl aufstreuen. Den Teig darauf mit Mehl bestaubt zu einer Fläche von ca. 30 mal 30 cm ausrollen. 1 EL Öl daraufgeben und mit der flachen Hand verstreichen, damit der Strudelteig beim Ausziehen nicht mehr zusammenkleben kann. Dann über den Handrücken (ohne Ringschmuck) von innen beginnend ausziehen. Wenn die Fläche zu groß wird, auf das Strudeltuch legen und rundum die Ränder noch fein ausziehen. Wenn die Teigränder stören, diese mit einem Teigrad abschneiden und zusammenkneten. Wieder mit Öl benetzt nochmals ruhen lassen und dann zu Resterezepten (ab Seite 178) für Strudelteig verarbeiten.

4 Die kalte Fülle auf maximal einem Drittel des ausgezogenen Teiges gleichmäßig verteilen. Die restliche Teigfläche mit flüssiger Butter oder Öl beträufeln, damit der Strudelteig blättern kann. Die Seitenenden über die Fülle schlagen. Strudel mit dem Tuch flach einrollen, wobei nach ca. der Hälfte der Teigrand nochmals über die Strudelenden gezogen werden kann.

5 Fertigen Strudel auf ein mit Backpapier belegtes Backblech legen und wie links beschrieben wie gewünscht bestreichen.

Gezogener Strudelteig
Für gekochte Strudel:

250 g Mehl
1 EL Öl
1 Ei (oder auch nur Eidotter)
ca. 125 ml lauwarmes Wasser
Salz
1 EL guter Essig

Zubereitung: Wie beim gebackenen Strudel.

Gekochte Strudel werden nicht bestrichen. Gekochte Strudel zu einer Schnecke einrollen und entweder im Dampfgarer zubereiten oder über Dampf in einem Kochtopf garen.

Es können je nach Rezept auch kleine Strudelstücke abgeschnitten werden, wobei die Enden zusammenkleben sollen. Dann werden diese in Salzwasser leicht wallend gekocht.

Tipp: *Für gekochte Strudel wird ein Ei oder ein Eidotter verwendet, da Ei ein gutes Bindemittel ist und der Teig nicht aufgeht bzw. zerkocht.*

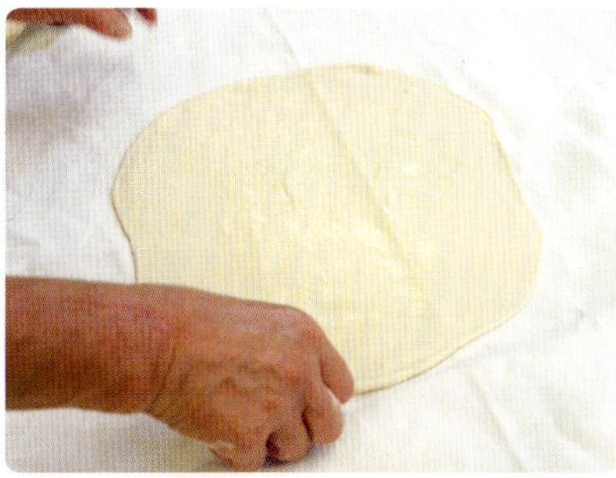

Erdäpfelteig

600 g mehligkochende Erdäpfel
300 g griffiges Mehl
1 Ei
60 g Butter
30 g Weizengrieß
Salz

1 Ei zum Bestreichen

1 Die Erdäpfel in wenig Wasser kochen bzw. dämpfen. Danach schälen und noch heiß durch die Erdäpfelpresse drücken. Nach dem Überkühlen die restlichen Teigzutaten zufügen und rasch und gut durchkneten.

2 Danach ausrollen, füllen und mit dem Strudeltuch einrollen.

3 Auf ein mit Backpapier belegtes Backblech legen und mit zerklopftem Ei bestreichen.

4 Bei 180 °C im vorgeheizten Backrohr je nach Größe zwischen 40 und 50 Minuten backen.

Tipp: *Erdäpfelteig muss immer gleich verarbeitet werden, da er sonst durch die Feuchtigkeit der Erdäpfel wieder weich wird.*

Topfenteig

130 g Butter
250 g Topfen (20 % Fett)
250 g Dinkelvollmehl
Salz
1 Eidotter

1 Die feste Butter in Würfel schneiden.

2 Alle Teigzutaten rasch zu einem glatten Teig verkneten.

3 Zu einem Ziegel formen und in Frischhaltefolie wickeln.

4 Den Teig im Kühlschrank eine Stunde rasten lassen und je nach Rezept weiterverarbeiten.

Tipp: *Dieser Teig eignet sich sehr gut für süße sowie pikante Füllungen.*

Mürbteig

300 g Mehl
100 g Zucker
1 Prise Salz
200 g Butter
2 Eidotter
2 EL Wasser oder Milch

1 Mehl und Zucker mischen und Salz dazugeben. Kalte Butter mit einem Messer dazuschneiden und mit den trockenen Zutaten verbröseln.

2 Eidotter und Wasser oder Milch dazugeben und auf der Arbeitsfläche rasch zu einem Teig verkneten.

3 Diesen verpacken, gut 30 Minuten kühlen und je nach Rezept weiterverarbeiten.

Tipp: *Mürbteig kann auch zum Teil oder gänzlich mit Vollkornmehl zubereitet werden.*

Mürber Germteig

20 g Germ
3 EL Milch
250 g glattes Mehl
100 g Butter
2 Eidotter
1 Prise Salz
20 g Staubzucker
1/2 Pkg. Vanillezucker

1 Germ in lauwarmer Milch auflösen und mit etwas Mehl zu einem Vorteig anrühren.

2 Danach aus allen Teigzutaten einen glatten Teig kneten.

3 Diesen eine halbe Stunde rasten bzw. aufgehen lassen und je nach Rezept weiterverarbeiten.

Tipp: *Die Butter kann auch durch fein vermahlene Grammeln ersetzt werden, was vor allem mit herberer Marmelade, beispielsweise aus Preiselbeeren, hervorragend schmeckt.*

Germteig

60 g Butter
60 g Zucker
5 g Salz
250 ml Milch
2 Eidotter
500 g Mehl
20 g Germ

1. Butter in einem kleinen Kochtopf zerlassen. Zucker, Salz und Milch zufügen.
2. Die Eidotter mit einem Schneebesen unterrühren.
3. Mehl in eine Schüssel geben und die Germ fein einbröseln. Die gesamte vorbereitete Flüssigkeit dazugeben und von Hand oder mit einer Knetmaschine zu einem geschmeidigen Teig verkneten.
4. Diesen zugedeckt gut aufgehen lassen und nach Rezept weiterverarbeiten.

Tipp: *Die Hälfte des Mehls durch Weizen- oder Dinkelvollkornmehl ersetzen, um den Mineralstoff- und Vitamingehalt zu erhöhen.*

Schmackhafte Strudelbegleiter: warme und kalte Saucen

Kalte Kräuter-, Kren- oder Knoblauchsauce

250 ml Sauerrahm
125 ml Crème fraîche
20 g beliebige Kräuter
oder 40 g Kren
oder 3 Zehen Knoblauch
Salz
Pfeffer

1 Sauerrahm und Crème fraîche gut verrühren.

2 Kräuter fein hacken oder Kren reiben oder Knoblauch schälen und fein schneiden.

3 Zur Rahmsauce geben und mit Salz und Pfeffer würzen.

4 Gut verrühren und kalt stellen.

Tipp: *Je nach Strudel kann die Sauce natürlich mit anderen Gewürzen wie Curry, Kurkuma, Chili oder auch mit ein wenig Preiselbeermarmelade verfeinert werden.*

Zitronenrahm

Saft und Schale von 1 Zitrone
125 ml Sauerrahm
125 ml Crème fraîche
Salz
5 bis 25 g Zucker
(je nach Kombination mit einem pikanten oder süßen Strudel)
weißer Pfeffer

1 Zitrone heiß waschen und abtrocknen. Schale mit einem feinen Reibeisen abreiben und Saft der Zitrone ausdrücken.

2 Sauerrahm und Crème fraîche miteinander glattrühren und mit Salz, Zucker und Pfeffer würzen.

3 Zitronenschale und Saft zufügen und ebenso gut einrühren. Zitronenrahm kalt stellen.

Tipp: *Auch andere Zitrusfrüchte wie Limetten oder Orangen geben einen tollen, erfrischenden Geschmack ab. Der Zitronenrahm stellt gerade für pikante Strudel eine spannende Zugabe dar.*

Warme Kräuterbéchamelsauce

40 g Butter
30 g Mehl oder Stärkemehl
300 ml Milch
Salz
Pfeffer
50 g Rahmschmelzkäse oder Reibkäse
1 EL gehackte Kräuter

1 Butter in einem Topf zerlassen und Mehl darin anschwitzen. Mit der Milch aufgießen, so dass eine leicht dickflüssige Sauce entsteht.

2 Mit Salz und Pfeffer abschmecken. Käse dazugeben und darin unter Rühren schmelzen lassen.

3 Kurz vor dem Anrichten die frisch gehackten Kräuter unterrühren.

Tomatensauce

600 g Tomaten
100 g Schalotten
20 g Butter
10 g Stärkemehl
125 ml Weißwein (Riesling)
Salz
10 g Zucker
5 g Petersilie

1 Tomaten einschneiden und in heißes Wasser legen. Danach häuten und fein schneiden. Schalotten schälen und ebenfalls kleinwürfelig schneiden.

2 Butter zerlassen und Schalotten darin anschwitzen. Stärkemehl unterrühren und die Tomatenwürfel zufügen. Mit Weißwein aufgießen und würzen.

3 Zugedeckt 20 Minuten leicht köcheln lassen. Würzig abschmecken und beim Anrichten mit grüner Petersilie bestreuen.

Tipps: *Wer eine sehr cremige Sauce haben möchte, püriert diese mit dem Pürierstab oder passiert sie mit der Flotten Lotte. Tomatensauce kann zur Erntezeit auch auf Vorrat produziert werden.*

Schnittlauchsauce

250 ml klare Suppe
500 ml Crème fraîche
1 Bund Schnittlauch
Salz
Pfeffer

1 Suppe aufkochen und Crème fraîche einrühren.

2 Sauce ca. 1 Minute köcheln lassen.

3 Schnittlauch fein schneiden. Sauce mit Salz und Pfeffer würzen und vor dem Anrichten mit dem feinen Schnittlauch vermengen.

Tipp: *Die Welt der Kräuter ist kunterbunt: Statt dem Schnittlauch gibt es allerlei, was es auszuprobieren gilt – Dill, Koriander, Petersilie oder alles zusammen.*

Graukäsesauce

100 g frische Zucchini
20 g Butter
125 ml Schlagobers
100 g Graukäse
weißer Pfeffer
Salz

1 Zucchini waschen und in ca. 1 cm große Würfel schneiden.

2 Die Butter in einem Topf zerlassen und Zucchini darin anschwitzen. Schlagobers und Käse dazugeben und unter ständigem Rühren aufkochen.

3 Sauce würzen und gut abschmecken.

Tipp: *Je nach Region kann auch der Murtaler Steirerkäse (Kochkäse) oder ein anderer regionaler würziger Käse verwendet werden.*

Schafskäsesauce

50 g Butter
30 g Mehl
300 ml Milch
200 g Schafskäse (Frischkäse)
1 Knoblauchzehe
Salz
Pfeffer

1 Aus Butter und Mehl eine helle Einbrenn bereiten. Mit der Milch aufgießen und aufkochen lassen.

2 Den Schafskäse in Würfel schneiden und unter ständigem Rühren darin schmelzen.

3 Knoblauch schälen, sehr fein schneiden und zur Sauce geben. Mit Salz und Pfeffer würzen.

Tipps: *Wer Ziegenkäse liebt, sollte unbedingt den Schafskäse durch diesen austauschen – ein Genuss. Mit etwas abgeriebener Zitronenschale wird die Sauce noch verfeinert.*

Süße Saucen

Karamellsauce

50 g Zucker
300 ml Milch
30 g Maisstärke
40 g Zucker
2 EL Milche oder Wasser

1 Zucker in einer Pfanne ohne Zugabe von Fett karamellisieren. Mit Milch aufgießen und aufkochen lassen.

2 Das Stärkemehl mit dem restlichen Zucker in wenig Milch oder Wasser anrühren und in die kochende Milch eingießen.

3 Einmal aufkochen lassen, wobei immer gerührt werden muss. Unter mehrmaligem Umrühren bzw. Abdecken auskühlen lassen.

Tipp: *Die Zugabe von Zimt und Nelkenpulver macht die Sauce zu einem besonderen Gaumenerlebnis.*

Beerensauce

400 g Beeren der Saison (Erdbeeren, Himbeeren, Heidelbeeren, Johannisbeeren, Jostabeeren) oder tiefgekühlte Beeren
50 ml Flüssigkeit (Wasser, Wein, Likör, Fruchtsaft)
30–50 g Honig
Saft von 1/2 Zitrone oder Orange

1 Die Beeren je nach Art vorbereiten und wenn nötig schneiden.

2 Die gewählte Flüssigkeit mit dem Honig und dem Zitronen- oder Orangensaft aufkochen.

3 Beeren zufügen und 3 Minuten kochen lassen. Zugedeckt auskühlen lassen.

Tipp: *Damit die Sauce beim Anrichten nicht Wasser lässt, kann man sie beim Aufkochen mit in etwas Flüssigkeit angerührter Stärke binden.*

Vanillesauce

300 ml Milch
20 g Maisstärke
40 g Zucker
30 g Vanillezucker oder Mark von
1 Vanilleschote
2 Eidotter

1. 250 ml Milch aufkochen.
2. In die restlichen 50 ml Milch das Stärkemehl, den Zucker und die Vanille einrühren.
3. In die kochende Milch gießen und unter ständigem Rühren einmal aufkochen.
4. Die Eidotter mit einem Schneebesen rasch unter die heiße Vanillecreme rühren.
5. Zugedeckt und unter mehrmaligem Umrühren überkühlen bzw. auskühlen lassen.

Tipp: *Für Schokoladenliebhaber: Schokostücke in die kochende Milch geben und schmelzen lassen.*

Wein- oder Mostsabayon

1 Eidotter
40 g Zucker
100 ml Weißwein oder Apfelmost

1. In einem kleinen Kochtopf Wasser erhitzen.
2. Eidotter mit Zucker und Wein in eine passende Schüssel geben und gut verrühren.
3. Schüssel auf den Kochtopf stellen und mit dem Schneebesen über Dampf schaumig aufschlagen.

Tipp: *Immer nur kleine Mengen zubereiten, da größere Mengen ungleich mehr Zeit brauchen, bis diese schaumig werden.*

Beliebte Suppenstrudel

Gebackener Gemüsestrudel

250 g Mehl
1 EL Öl
ca. 125 ml lauwarmes Wasser
Salz
1 EL Apfelessig

Fülle
2 Eier
125 ml Milch
150 g Knödelbrot
100 g Karotten
100 g Fisolen
100 g rote Zwiebeln
100 g Emmentaler
100 g Mais
1 Prise Muskat
Salz
Pfeffer

1 Ei zum Bestreichen

1 Strudelteig laut Grundrezept (Seite 16) bereiten und mindestens 30 Minuten entspannen bzw. rasten lassen.

2 Für die Fülle Eier und Milch mit einem Schneebesen gut verrühren.

3 Knödelbrot in eine Schüssel geben, mit dem Ei-Milchgemisch übergießen und verrühren. Karotten schälen und klein schneiden. Fisolen in ca. 2 cm lange Stücke schneiden und mit den vorbereiteten Karotten 8 Minuten dämpfen. Danach überkühlen lassen. In der Zwischenzeit Zwiebeln schälen und fein schneiden. Käse fein reiben. Gemüse, Käse und die Gewürze zu dem Knödelbrot geben und würzig abschmecken.

4 Strudelteig wie beschrieben ausziehen. Fülle auf dem ersten Drittel des Teiges gleichmäßig verteilen. Teigränder seitlich einschlagen und Strudel mit dem Strudeltuch einrollen. In U-Form auf ein mit Backpapier belegtes Backblech legen und mit zerklopftem Ei bestreichen.

5 Im vorgeheizten Backrohr bei 160 °C 40 bis 45 Minuten goldbraun backen.

6 Mit klarer Gemüsesuppe servieren.

Tipp: *Zu jeder Jahreszeit wächst unterschiedliches Gemüse, das nach Herzenslust variiert werden kann. Frische, saisonale Zutaten sind unglaublich schmack- und nahrhaft.*

Gedämpfter Grieß-Erbsenstrudel

250 g Mehl
1 EL Öl
1 Ei
ca. 125 ml lauwarmes Wasser
Salz
1 EL Apfelessig

Fülle
500 ml Milch
60 g Butter
100 g Grieß
Salz
5 g Thymian
120 g Karotten
2 Eier
100 g grüne Erbsen, tiefgekühlt

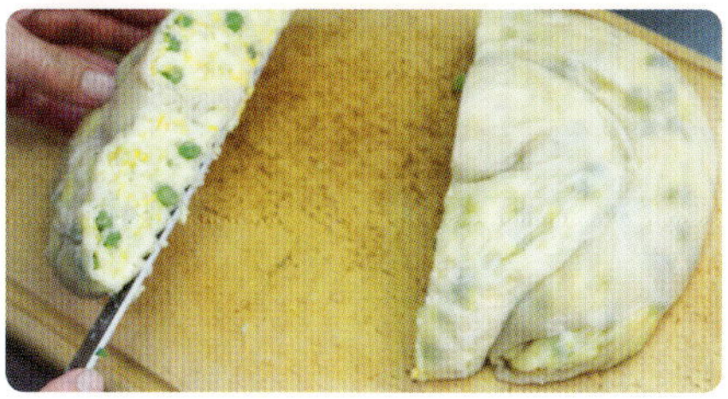

Gekochter, zur Schnecke gerollter Strudel mit köstlicher Grieß-Erbsenfülle.

1 Strudelteig laut Grundrezept bereiten (Seite 17) und mindestens 30 Minuten entspannen bzw. rasten lassen.

2 Für die Fülle die Milch mit der Butter erhitzen. Den Grieß mit dem Salz und dem Thymian zufügen. Grieß unter ständigem Rühren kochen, bis die Masse eingedickt ist. Grießmasse überkühlen lassen. Die Karotten schälen und fein raspeln.

3 Die Eier mit einem Handrührgerät unter die Grießmasse rühren.

4 Zuletzt die aufgetauten Erbsen und Karottenraspel einrühren und Masse gut abschmecken.

5 Strudelteig wie beschrieben auf einem Strudeltuch ausziehen. Fülle auf dem ersten Drittel des Teiges gleichmäßig aufstreichen. Seitenränder einschlagen und Strudel mit dem Tuch einrollen. Danach Strudel zu einer Schnecke einrollen, auf ein Leinen- oder Baumwolltuch legen und verknoten.

6 Wasser in einem breiteren Kochtopf zum Kochen bringen und salzen.

7 Ein passendes Gitter oder Dampfeinsatz hineinlegen und darauf den verpackten Strudel legen. Strudel eine halbe Stunde garen, wobei das Wasser leicht köcheln soll.

8 Herausnehmen, Tuch abnehmen und danach in Stücke geschnitten mit Suppe anrichten.

Tipp: *Die Verwendung unterschiedlicher Kräuter oder von anderem Gemüse sorgt für die nötige Abwechslung: Zucchini passt beispielsweise bestens zu diesem Strudel.*

Zwiebel-Grammelstrudel

250 g Mehl
1 EL Öl
ca. 125 ml lauwarmes Wasser
Salz
1 EL Apfelessig

Fülle
100 g Zwiebeln
20 g Schweinefett oder Rapsöl
150 g Grammeln
30 g Knödelbrot
10 g Petersilie
2 Blätter Salbei
Salz
Pfeffer

Öl
1 Ei zum Bestreichen

1 Strudelteig laut Grundrezept (Seite 16) bereiten und mindestens 30 Minuten entspannen bzw. rasten lassen.

2 Für die Fülle Zwiebeln schälen und kleinwürfelig schneiden. Fett in einer Pfanne erhitzen und Zwiebeln darin goldgelb anrösten. Die Grammeln dazugeben und langsam erhitzen, bis diese durch den Fettaustritt glasig aussehen. Das trockene Knödelbrot zufügen, gut vermengen und dann vom Herd nehmen. Petersilie und Salbei fein schneiden und dazugeben. Mit Salz und Pfeffer würzig abschmecken.

3 Strudelteig wie beschrieben auf einem Strudeltuch ausziehen. Das erste Teigdrittel mit der Fülle bestreuen. Die restliche Teigfläche mit etwas Öl beträufeln, damit der Teig gut blättern kann. Die Seitenränder einschlagen und Strudel mit dem Tuch einrollen. Strudel mit der Teignaht nach unten auf ein mit Backpapier belegtes Backblech legen und mit Ei bestreichen.

4 Im vorgeheizten Backrohr bei 180 °C 35 bis 40 Minuten backen.

5 Den knusprigen Strudel in Stücke schneiden und mit einer schmackhaften klaren Suppe servieren.

Tipp: *Dieser Strudel kann roh in 5 cm lange Stücke geschnitten auch gekocht werden, wobei die Teigränder zusammenzudrücken sind, damit die Fülle nicht austreten kann.*

Traditioneller Lungenstrudel

250 g Mehl
1 EL Öl
ca. 125 ml lauwarmes Wasser
Salz
1 EL Apfelessig

Fülle
100 g Zwiebeln
40 g Schweinefett
oder Rapsöl
400 g gekochte,
fein faschierte Lunge
Salz
Pfeffer
1 TL Majoran
1 Prise Muskatnuss
10 g Petersilie
1 TL Thymian
3 Knoblauchzehen

Öl
1 Ei zum Bestreichen

1 Strudelteig laut Grundrezept (Seite 16) bereiten und mindestens 30 Minuten entspannen bzw. rasten lassen.

2 Für die Fülle Zwiebeln schälen und kleinwürfelig schneiden. Fett in einer Pfanne erhitzen und Zwiebeln darin goldgelb anrösten. Die faschierte Lunge mit allen Gewürzen dazugeben und kurz mitrösten. Knoblauch schälen, fein schneiden und ebenfalls zur Lunge geben. Vom Herd nehmen und auskühlen lassen. Nochmals würzig abschmecken.

3 Strudelteig wie beschrieben auf einem Strudeltuch ausziehen. Das erste Teigdrittel mit der Fülle bestreuen. Die restliche Teigfläche mit etwas Öl beträufeln, damit der Teig gut blättern kann. Die Seitenränder einschlagen und Strudel mit dem Tuch einrollen. Strudel mit der Teignaht nach unten auf ein mit Backpapier belegtes Backblech legen und mit Ei bestreichen.

4 Im vorgeheizten Backrohr bei 180 °C 35 bis 40 Minuten backen.

5 Mit kräftiger klarer Rindsuppe servieren.

Tipp: *Der traditionelle Lungenstrudel eignet sich ebenfalls bestens als gekochter Suppenstrudel.*

Gebackener Fleisch-Paprikastrudel

250 g Mehl
1 EL Öl
ca. 125 ml lauwarmes Wasser
Salz
1 EL Apfelessig

Fülle
80 g Zwiebeln
40 g Butter
1 rote Paprikaschote
400g gemischtes Faschiertes
2 Eier
2 EL Ketchup
Salz
Pfeffer
150 g Hartkäse

Öl
1 Ei zum Bestreichen

1 Strudelteig laut Grundrezept (Seite 16) bereiten und mindestens 30 Minuten entspannen bzw. rasten lassen.

2 Für die Fülle Zwiebeln schälen und kleinwürfelig schneiden. Butter in einer Pfanne erhitzen und Zwiebeln darin goldgelb anrösten. Inzwischen die Paprikaschote in kleine Würfel schneiden und dann kurz mitrösten. Das Faschierte in eine Schüssel geben und mit den Eiern, Ketchup, Salz und Pfeffer vermischen. Das ausgekühlte Zwiebel-Paprikagemisch darunterrühren und die Masse würzig abschmecken.

3 Hartkäse grob raspeln.

4 Strudelteig wie beschrieben auf einem Strudeltuch ausziehen. Das erste Teigdrittel mit der Fülle belegen und mit dem Käse bestreuen. Die restliche Teigfläche mit etwas Öl beträufeln, damit der Teig gut blättern kann. Die Seitenränder einschlagen und Strudel mit dem Tuch einrollen. Strudel mit der Teignaht nach unten auf ein mit Backpapier belegtes Backblech legen und mit Ei bestreichen.

5 Im vorgeheizten Backrohr bei 180 °C 35 bis 40 Minuten backen.

6 Mit klarer Suppe oder auch einmal als Hauptspeise servieren.

Tipp: *Faschiertes für Füllen darf nie mit geröstet werden, da die Fülle sonst bröselt und nicht mehr zusammenhält.*

Topfen-Kräuterstrudel

250 g Mehl
1 EL Öl
1 Ei
ca. 125 ml lauwarmes Wasser
Salz
1 EL Apfelessig

Fülle
50 g gemischte frische Gartenkräuter
150 g Frischkäse
100 g Magertopfen
20 g Maisstärke
1 Ei
Salz

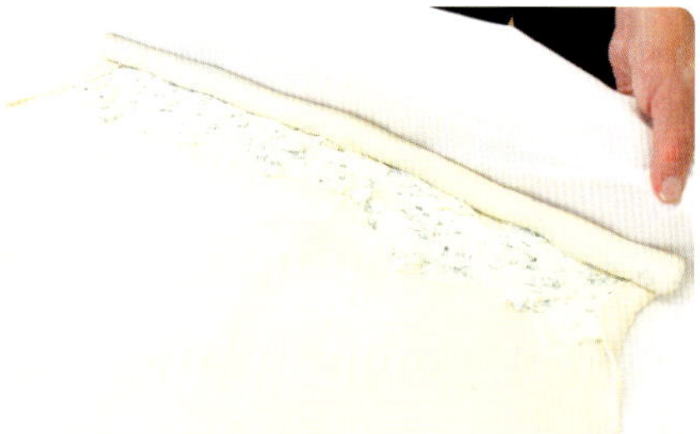

Der Strudel wird eingerollt und in kleine Stücke geschnitten.

1 Strudelteig laut Grundrezept (Seite 17) bereiten und mindestens 30 Minuten entspannen bzw. rasten lassen.

2 Die Gartenkräuter fein schneiden. Alle Zutaten der Fülle gut verrühren und würzig abschmecken.

3 Strudelteig wie beschrieben auf einem Strudeltuch ausziehen. Das erste Teigdrittel mit der Fülle bestreuen. Die Seitenränder einschlagen und Strudel mit dem Tuch einrollen.

4 Wasser in einem weiten Topf aufkochen und salzen. Danach mit einem dünnen Dessertteller vom Strudel ca. 5 cm lange Stücke abschneiden. Die Teigenden zusammendrücken, damit die Fülle nicht ausfließt.

5 Strudelpackerl ins kochende Wasser legen und leicht wallend 15 Minuten kochen.

6 Danach herausnehmen und abtropfen lassen. Noch warm mit klarer Suppe servieren.

Tipp: *Maisstärke lässt weichere Füllungen rascher stocken, so bleiben sie in der Teighülle ohne auszurinnen.*

Eier-Kräuterstrudel

250 g Mehl
1 EL Öl
ca. 125 ml lauwarmes Wasser
Salz
1 EL Apfelessig

Fülle
20 g frische Kräuter
50 g Butter
6 Eier
Salz
Pfeffer
50 g Knödelbrot

Öl
1 Ei zum Bestreichen

1 Strudelteig laut Grundrezept (Seite 16) bereiten und mindestens 30 Minuten entspannen bzw. rasten lassen.

2 Für die Fülle die Kräuter fein schneiden. Butter zerlassen. Eier versprudeln und mit Salz und Pfeffer würzen. Eiermasse in die heiße Butter eingießen und unter Rühren stocken lassen. Danach das Knödelbrot beifügen und unterrühren.

3 Fülle gut auskühlen lassen.

4 Strudelteig wie beschrieben auf einem Strudeltuch ausziehen. Das erste Teigdrittel mit der Fülle bestreuen. Die restliche Teigfläche mit etwas Öl beträufeln, damit der Teig gut blättern kann. Die Seitenränder einschlagen und Strudel mit dem Tuch einrollen. Strudel mit der Teignaht nach unten auf ein mit Backpapier belegtes Backblech legen und mit Ei bestreichen.

5 Im vorgeheizten Backrohr bei 180 °C 35 bis 40 Minuten backen.

6 Mit klarer Gemüsesuppe servieren.

Tipp: *Dieser Strudel eignet sich auch perfekt als leichter Sommerstrudel zu Salat.*

Bröselstrudel

250 g Mehl
1 EL Öl
ca. 125 ml lauwarmes Wasser
Salz
1 EL Apfelessig

Fülle
50 Butter
100 g Brösel

Öl zum Bestreichen

1 Strudelteig laut Grundrezept (Seite 16) bereiten und mindestens 30 Minuten entspannen bzw. rasten lassen.

2 Für die Fülle die Butter zerlassen und mit den Bröseln verrühren.

3 Strudelteig wie beschrieben auf einem Strudeltuch ausziehen. Die Butterbrösel gleichmäßig darüberstreuen. Strudel mit dem Tuch einrollen und mit Öl bestreichen.

4 In 4 cm lange Stücke schneiden und auf ein mit Backpapier belegtes Backblech legen.

5 Im vorgeheizten Backrohr bei 180 °C 10 bis 15 Minuten backen.

6 Wird üblicherweise mit geselchter Suppe serviert.

Tipp: *Anstelle der Brösel bietet es sich an, alt gewordenes, geriebenes Schwarzbrot zu verwenden: eine köstliche Variante.*

Schwarzbrotstrudel

250 g Mehl
1 EL Öl
ca. 125 ml lauwarmes Wasser
Salz
1 EL Apfelessig

Fülle
400 g Schwarzbrot
400 ml Milch
4 Eier
Salz
weißer Pfeffer
100 g Zwiebeln
40 g Butter
10 g frische Gartenkräuter

Öl
1 Ei zum Bestreichen

1 Strudelteig laut Grundrezept (Seite 16) bereiten und mindestens 30 Minuten entspannen bzw. rasten lassen.

2 Das Schwarzbrot in kleine Würfel schneiden. Milch mit Eiern versprudeln und mit Salz und Pfeffer würzen. Die Schwarzbrotwürfel damit übergießen, umrühren und 30 Minuten ziehen lassen.

3 Inzwischen Zwiebeln schälen und kleinwürfelig schneiden. Butter in einer Pfanne erhitzen und Zwiebeln darin goldgelb rösten. Gut überkühlt zur Brotmasse geben und unterrühren. Kräuter fein schneiden und ebenso dazugeben. Fülle würzig abschmecken.

4 Strudelteig wie beschrieben auf einem Strudeltuch ausziehen. Das erste Teigdrittel mit der Fülle bestreuen. Die restliche Teigfläche mit etwas Öl beträufeln, damit der Teig gut blättern kann. Die Seitenränder einschlagen und Strudel mit dem Tuch einrollen. Strudel mit der Teignaht nach unten auf ein mit Backpapier belegtes Backblech legen und mit Ei bestreichen.

5 Im vorgeheizten Backrohr bei 180 °C 35 bis 40 Minuten backen.

6 Dieser Strudel eignet sich sehr gut als Einlage für gebundene Suppen.

Tipps: *Schwarzbrot bleibt immer wieder einmal übrig bzw. wird trocken. In dieser Form kann es sehr gut verarbeitet werden. Eine Kürbiscremesuppe harmoniert bestens mit dem Schwarzbrotstrudel.*

Erdäpfel-Käsestrudel mit Minze

250 g Mehl
1 EL Öl
ca. 125 ml lauwarmes Wasser
Salz
1 EL Apfelessig

Fülle
500 g Erdäpfel
100 g Zwiebeln
40 g Butter
5 Minzeblätter
100 g Emmentaler
250 g Topfen
2 Eier
Salz
Pfeffer

Öl
1 Ei zum Bestreichen

1 Strudelteig laut Grundrezept (Seite 16) bereiten und mindestens 30 Minuten entspannen bzw. rasten lassen.

2 Erdäpfel kochen, schälen und in ca. 1 cm große Würfel schneiden. Zwiebeln schälen und kleinwürfelig schneiden. Zwiebeln in heißer Butter glasig anlaufen lassen.

3 Minze fein schneiden und Käse reiben. Alle Zutaten für die Fülle nun gut vermengen und würzig abschmecken.

4 Strudelteig wie beschrieben auf einem Strudeltuch ausziehen. Das erste Teigdrittel mit der Fülle bestreuen. Die restliche Teigfläche mit etwas Öl beträufeln, damit der Teig gut blättern kann. Die Seitenränder einschlagen und Strudel mit dem Tuch einrollen. Strudel mit der Teignaht nach unten auf ein mit Backpapier belegtes Backblech legen und mit Ei bestreichen.

5 Im vorgeheizten Backrohr bei 180 °C 35 bis 40 Minuten backen.

6 Mit klarer Suppe servieren.

Tipp: *Auch Rosmarin ist anstatt der Minze ein toller Begleiter für Erdäpfel!*

Wunderbare Hauptspeisenstrudel

Kunterbunter Gemüsestrudel

130 g Butter
250 g Topfen (20 % Fett)
250 g Dinkelvollmehl
Salz
1 Eidotter

Fülle
250 g Karotten
250 g Kürbis
250 g Brokkoli
200 g Fisolen
2 Eier
100 ml Schlagobers
20 g Maisstärke
Salz
Pfeffer

1 Ei zum Bestreichen

Der hauchdünne Teig wird mit der farbenfrohen Füllung belegt.

1 Die feste Butter in Würfel schneiden. Alle Teigzutaten rasch zu einem glatten Teig verkneten. Zu einem Ziegel formen und in Frischhaltefolie wickeln. Den Teig im Kühlschrank eine Stunde rasten lassen (siehe auch Seite 18).

2 Für die Fülle Karotten und Kürbis schälen und in kleine Würfel schneiden. Brokkoli in Röschen teilen, bei den Fisolen die Enden abschneiden und in 2 cm lange Stücke schneiden. Karotten und Fisolen über Dampf 5 Minuten garen. Danach Kürbiswürfel und Brokkoli zufügen und weitere 3 Minuten garen.

3 Gemüse auskühlen lassen. Die Eier mit Schlagobers, Maisstärke und den Gewürzen gut verrühren. Das gegarte Gemüse dazugeben und alles gut vermengen.

4 Strudelteig wie beschrieben auf einem Strudeltuch ausziehen. Das erste Teigdrittel mit der Fülle bestreuen. Die restliche Teigfläche mit etwas Öl beträufeln, damit der Teig gut blättern kann. Die Seitenränder einschlagen und Strudel mit dem Tuch einrollen. Strudel mit der Teignaht nach unten auf ein mit Backpapier belegtes Backblech legen und mit Ei bestreichen.

5 Im vorgeheizten Backrohr bei 180 °C 35 bis 40 Minuten backen. Mit einer leichten Schnittlauchsauce (Seite 24) servieren.

Tipp: *Das Gemüse kann nach Saison oder Geschmack immer abgewandelt werden. Auch die Verwendung von nur einer Gemüsesorte ergibt einen sehr guten Strudel.*

Lauch-Käsestrudel mit Speck

250 g Mehl
1 EL Öl
ca. 125 ml lauwarmes Wasser
Salz
1 EL Apfelessig

Fülle
200 g Zwiebeln
50 g Butter oder Rapsöl
250 g Hamburgerspeck
500 g Lauch
2 Knoblauchzehen
Salz
Pfeffer aus der Mühle
200 g Emmentaler
250 g Magertopfen
2 Eier

Öl
1 Ei zum Bestreichen

1 Strudelteig laut Grundrezept (Seite 16) bereiten und mindestens 30 Minuten entspannen bzw. rasten lassen.

2 Zwiebeln schälen und in feine Ringe schneiden. Butter oder Öl in einer größeren Pfanne erhitzen und Zwiebeln darin goldgelb anrösten. Speck feinwürfelig schneiden und dazugeben. Inzwischen den Lauch putzen und wenn nötig waschen. Danach in feine Ringe schneiden, mit den Zwiebeln vermengen und zugedeckt dünsten lassen.

3 Knoblauch schälen und fein schneiden. Mit Salz und Pfeffer zum Lauch geben.

4 Die Lauchmasse auskühlen lassen. Käse grob raspeln und mit Topfen und Eiern unter die Lauchmasse rühren. Nochmals gut würzig abschmecken.

5 Strudelteig wie beschrieben auf einem Strudeltuch ausziehen. Das erste Teigdrittel mit der Fülle bestreichen. Die restliche Teigfläche mit etwas Öl beträufeln, damit der Teig gut blättern kann. Die Seitenränder einschlagen und Strudel mit dem Tuch einrollen. Strudel mit der Teignaht nach unten auf ein mit Backpapier belegtes Backblech legen und mit Ei bestreichen.

6 Im vorgeheizten Backrohr bei 180 °C ca. 45 Minuten backen.

Tipp: *Die Auswahl an Wintergemüse ist vielfältiger, als man denkt: den Strudel zum Beispiel einfach mit Wirsing zubereiten!*

Würziger Krautstrudel

250 g Mehl
1 EL Öl
ca. 125 ml lauwarmes Wasser
Salz
1 EL Apfelessig

Fülle
1 kg Weißkraut
500 g Erdäpfel
200 g Zwiebeln
150 g Speck
20 g Schweinefett oder Öl
20 g Zucker
10 g Paprikapulver
10 g Kümmel
Salz
weißer Pfeffer

Öl
1 Ei zum Bestreichen

Tipp: *Wenn man auf den Speck verzichtet, ist der Strudel eine hervorragende Beilage zu Geselchtem.*

1 Strudelteig laut Grundrezept (Seite 16) bereiten und mindestens 30 Minuten entspannen bzw. rasten lassen.

2 Weißkraut halbieren, vierteln und den Strunk herausschneiden. Kraut von Hand oder mit einer Maschine fein schneiden. Erdäpfel in der Schale weichdämpfen.

3 Zwiebeln schälen und kleinwürfelig schneiden. Speck ebenso in kleine Würfel schneiden.

4 Schweinefett oder Öl in einem größeren Topf erhitzen. Zucker hineingeben und karamellisieren. Zwiebel- und Speckwürfel dazugeben und einige Minuten hellbraun rösten lassen. Danach das Kraut und die Gewürze zufügen und gut verrühren.

5 Mit wenig Wasser aufgießen und gut 30 Minuten unter mehrmaligem Umrühren dünsten lassen. Die gekochten Erdäpfel schälen und blättrig schneiden. Wenn das Kraut schön weich ist, die Erdäpfel zufügen und alles gut verrühren. Fülle würzig abschmecken und auskühlen lassen.

6 Strudelteig wie beschrieben auf einem Strudeltuch ausziehen. Das erste Teigdrittel mit der Fülle bestreichen. Die restliche Teigfläche mit etwas Öl beträufeln, damit der Teig gut blättern kann. Die Seitenränder einschlagen und Strudel mit dem Tuch einrollen. Strudel mit der Teignaht nach unten auf ein mit Backpapier belegtes Backblech legen und mit Ei bestreichen.

7 Im vorgeheizten Backrohr bei 180 °C ca. 40 bis 45 Minuten backen.

8 Mit einer warmen oder kalten pikanten Rahmsauce (Seite 22 und 23) servieren.

Eierschwammerlstrudel

250 g Mehl
1 EL Öl
ca. 125 ml lauwarmes Wasser
Salz
1 EL Apfelessig

Fülle
400 g Knödelbrot
400 ml Milch
4 Eier
200 g Zwiebeln
80 g Butter
500 g Eierschwammerl
Salz
Pfeffer
1 Prise Muskatnuss
30 g Petersilie

50 g Butter zum Bestreichen

1 Strudelteig laut Grundrezept (Seite 16) bereiten und mindestens 30 Minuten entspannen bzw. rasten lassen.

2 Knödelbrot in eine große Schüssel geben. Milch mit den Eiern gut verrühren, über das Knödelbrot gießen und ca. 25 Minuten ziehen lassen. Zwiebeln schälen und kleinwürfelig schneiden.

3 Butter erwärmen und Zwiebeln darin goldgelb rösten. Die geputzten und gewaschenen Eierschwammerl zu den Zwiebeln geben und mitdünsten, bis alle Flüssigkeit verdampft ist. Ausgekühlt zur Semmelmasse geben und gut würzen.

4 Petersilie fein schneiden und zuletzt dazugeben.

5 Strudelteig wie beschrieben auf einem Strudeltuch ausziehen. Das erste Teigdrittel mit der Fülle bestreichen. Die restliche Teigfläche mit etwas zerlassener Butter bestreichen, damit der Teig gut blättern kann. Die Seitenränder einschlagen und Strudel mit dem Tuch einrollen. Strudel mit der Teignaht nach unten auf ein mit Backpapier belegtes Backblech legen und mit der restlichen Butter bestreichen.

6 Im vorgeheizten Backrohr bei 180 °C ca. 40 bis 45 Minuten backen.

7 Dazu Schnittlauchsauce (Seite 24) servieren. Man kann den Strudel auch als Suppeneinlage verwenden.

Tipps: *Die Welt der Pilze ist riesig: anstelle der Eierschwammerl einfach andere Lieblingspilze verwenden. Ebenso kann das Knödelbrot für einen Pilzstrudel durch Schwarzbrotwürfel ersetzt werden.*

Erdäpfel-Topfenstrudel mit Knacker

250 g Mehl
1 EL Öl
1 EL Apfelessig
ca. 125 ml lauwarmes Wasser
Salz

Fülle
1,2 kg Erdäpfel
200 g Zwiebeln
30 ml Öl
250 g Knackwürste
125 ml Sauerrahm
250 g Topfen
180 g geriebener Käse (Emmentaler)
1 TL Majoran
1/2 TL Kümmel
Salz
Pfeffer

50 g Butter zum Bestreichen

Ein außergewöhnlich herzhafter Strudel.

1 Strudelteig laut Grundrezept (Seite 16) bereiten und mindestens 30 Minuten entspannen bzw. rasten lassen.

2 Erdäpfel in wenig Wasser dämpfen, danach überkühlt schälen und in ca. 1 cm große Würfel schneiden. Zwiebeln schälen und kleinwürfelig schneiden. Öl in einer Pfanne erhitzen und Zwiebeln darin glasig anlaufen lassen.

3 Knacker schälen und mit der Schneidmaschine in 1 mm dicke Scheiben schneiden.

4 Sauerrahm, Topfen mit Käse und den Gewürzen gut verrühren. Erdäpfelwürfel gleichmäßig darunterrühren.

5 Strudelteig wie beschrieben auf einem Strudeltuch ausziehen. Das erste Teigdrittel mit der Fülle bestreichen. Die Wurstscheiben der Länge nach am Beginn der Fülle auflegen. Die restliche Teigfläche mit etwas zerlassener Butter bestreichen, damit der Teig gut blättern kann.

6 Die Seitenränder einschlagen und Strudel mit dem Tuch einrollen. Strudel mit der Teignaht nach unten in eine mit Butter bestrichene runde Tonform oder Reine legen und mit der restlichen Butter bestreichen.

7 Im vorgeheizten Backrohr bei 180 °C ca. 40 bis 45 Minuten backen.

Tipps: *Die Verwendung von Süßkartoffeln ergibt eine tolle Geschmacksvariation. Eine weitere schöne Alternative sind violettfleischige Erdäpfel.*

Saiblingsstrudel mit Spinat und Mozzarella

250 g Mehl
1 EL Öl
1 EL Apfelessig
ca. 125 ml lauwarmes Wasser
Salz

Fülle
500 g tiefgekühlter oder
250 g frischer Spinat
Salz
grober Pfeffer
4 Knoblauchzehen
3 Eier
250 g Mozzarella
500 g Saiblingsfilets

Öl
1 Ei zum Bestreichen

1 Strudelteig laut Grundrezept (Seite 16) bereiten und mindestens 30 Minuten entspannen bzw. rasten lassen.

2 Frischen Spinat kurz blanchieren oder tiefgekühlten Spinat auftauen. Mit Salz und Pfeffer würzen. Knoblauch schälen, fein schneiden und mit den versprudelten Eiern unter die Spinatmasse heben. Den Mozzarella in kleine Würfel schneiden.

3 Die Saiblingsfilets mit Salz und Pfeffer würzen.

4 Strudelteig wie beschrieben auf einem Strudeltuch ausziehen. Das erste Teigdrittel mit der Fülle belegen. Die gewürzten Saiblingsfilets der Länge nach am Beginn der Fülle auflegen. Mozzarellawürfel darüberstreuen.

5 Die restliche Teigfläche mit etwas Öl beträufeln, damit der Teig gut blättern kann.

6 Die Seitenränder einschlagen und Strudel mit dem Tuch einrollen. Strudel mit der Teignaht nach unten auf ein mit Backpapier belegtes Backblech legen und mit Ei bestreichen.

7 Im vorgeheizten Backrohr bei 180 °C ca. 35 bis 40 Minuten backen.

Tipp: *Es werden inzwischen ausreichend heimische Arten von Fischen angeboten, die immer zu bevorzugen sind.*

Huhn-Ananasstrudel

250 g Mehl
1 EL Öl
1 EL Apfelessig
ca. 125 ml lauwarmes Wasser
Salz

Fülle
500 g Sellerie
500 g Hühnerbrustfilet
50 g Butter
250 g Brie
1 Dose Ananasstücke
2 Eier
250 ml Schlagobers
100 g Mehl
50 g Grieß
Salz
weißer Pfeffer

Öl
1 Ei zum Bestreichen

1 Strudelteig laut Grundrezept (Seite 16) bereiten und mindestens 30 Minuten entspannen bzw. rasten lassen.

2 Sellerie schälen und in kleine Würfel von knapp 1 cm Seitenlänge schneiden. Diese über Dampf bissfest garen. Das Hühnerbrustfilet ebenso klein schneiden. Butter in einer Pfanne erhitzen und Hühnerfleisch portionsweise nach und nach hellbraun anbraten.

3 Brie in kleine Stücke schneiden und Ananasstücke vom Saft abseihen. Die Eier verquirlen und mit dem Schlagobers gut verrühren. Mehl und Grieß beifügen und erwärmen, bis die Masse zu stocken beginnt. Vom Herd nehmen und mit Salz und Pfeffer würzen.

4 Sind alle Zutaten gut ausgekühlt, wird alles vermengt und würzig pikant abgeschmeckt.

5 Strudelteig wie beschrieben auf einem Strudeltuch ausziehen. Das erste Teigdrittel mit der Fülle belegen. Die restliche Teigfläche mit etwas Öl beträufeln, damit der Teig gut blättern kann. Die Seitenränder einschlagen und Strudel mit dem Tuch einrollen.

6 Strudel mit der Teignaht nach unten auf ein mit Backpapier belegtes Backblech legen und mit Ei bestreichen.

7 Im vorgeheizten Backrohr bei 180 °C ca. 35 bis 40 Minuten backen.

8 Mit frischen Kräutern serviert zu einem Salat genießen.

Tipp: *Eine leichte Schnittlauchsauce (Seite 24) passt perfekt zu diesem Strudel.*

Tomaten-Fleischstrudel

250 g Mehl
1 EL Öl
1 EL Apfelessig
ca. 125 ml lauwarmes Wasser
Salz

Fülle
200 g Zwiebeln
3 EL Öl
100 g Essiggurkerl
3 größere Tomaten
500 g Faschiertes
10 g Petersilie
Salz
Pfeffer
1 TL Oregano
1 Ei
150 g würziger Käse (Hartkäse)
40 g Brösel

50 g Butter zum Bestreichen

1 Strudelteig laut Grundrezept (Seite 16) bereiten und mindestens 30 Minuten entspannen bzw. rasten lassen.

2 Zwiebeln schälen und fein schneiden. Öl in einer Pfanne erhitzen und Zwiebeln darin goldbraun rösten. Gurkerl und Tomaten in kleinere Würfel schneiden und zu den überkühlten Zwiebeln geben.

3 Faschiertes, Brösel und Gewürze unterrühren und mit dem Ei vermengen, aber nicht mehr erhitzen. Fülle würzig abschmecken. Käse mit dem Reibeisen grob raspeln und untermengen. Butter zerlassen.

4 Strudelteig wie beschrieben auf einem Strudeltuch ausziehen. Das erste Teigdrittel mit der Fülle belegen. Die restliche Teigfläche mit zerlassener Butter bestreichen, damit der Teig gut blättern kann. Die Seitenränder einschlagen und Strudel mit dem Tuch einrollen. Strudel mit der Teignaht nach unten auf ein mit Backpapier belegtes Backblech legen und mit Butter bestreichen.

5 Im vorgeheizten Backrohr bei 180 °C ca. 35 bis 40 Minuten backen.

6 Mit Salat der Saison servieren.

Tipps: *Faschiertes schmeckt immer besser, wenn es nicht vor dem Backen gegart wird. Zudem bleibt es durch das rohe Einfüllen sehr saftig. Wer es scharf mag, sollte seinen Strudel mit Chili würzen!*

Bunter Kürbisstrudel

250 g Mehl
1 EL Öl
1 EL Apfelessig
ca. 125 ml lauwarmes Wasser
Salz

Fülle
700 g gemischter (weiß, gelb, orange) Kürbis, geschält und/oder Zucchini
200 g Zwiebeln
1 Bund Petersilie
80 g Butter
1 TL Kümmel
1 Prise Muskatnuss
250 g Topfen
4 Eier
50 g grob gehackte geröstete Kürbiskerne
250 ml Sauerrahm
100 g glattes Mehl
Salz
Pfeffer

50 g Butter zum Bestreichen

1 Strudelteig laut Grundrezept (Seite 16) bereiten und mindestens 30 Minuten entspannen bzw. rasten lassen.

2 Kürbisfleisch in kleine Würfel schneiden und einsalzen. Gut 10 Minuten durchziehen lassen. Anschließend das Wasser gut ausdrücken. Zwiebeln schälen und kleinwürfelig schneiden. Petersilie waschen und ebenso fein schneiden.

3 Butter in einer Pfanne erhitzen und zuerst Zwiebeln darin anrösten. Dann Kürbis dazugeben und bei schwacher Hitze kurz dünsten. Mit Pfeffer und Kümmel würzen und auskühlen lassen.

4 Salz und Muskatnuss mit dem Topfen verrühren und nach und nach die 4 Eidotter beifügen. Ausgekühlten Kürbis, Kürbiskerne und Sauerrahm untermischen. Die vorbereitete Petersilie dazugeben. Eiklar zu Schnee schlagen und unterheben und das Mehl zum Schluss mit einer Teigkarte ebenfalls unterheben.

5 Strudelteig wie beschrieben auf einem Strudeltuch ausziehen. Das erste Teigdrittel mit der Fülle belegen. Die restliche Teigfläche mit zerlassener Butter bestreichen, damit der Teig gut blättern kann. Die Seitenränder einschlagen und Strudel mit dem Tuch einrollen. Strudel mit der Teignaht nach unten auf ein mit Backpapier belegtes Backblech legen und mit Butter bestreichen.

6 Im vorgeheizten Backrohr bei 180 °C ca. 35 bis 40 Minuten backen.

Tipp: *Trockene Kürbisse wie Hokkaido lassen die Fülle nicht zu feucht werden.*

Dinkel-Gemüsestrudel

250 g Mehl
1 EL Öl
1 EL Apfelessig
ca. 125 ml lauwarmes Wasser
Salz

Fülle
100 g Dinkel
200 g Karotten
200 g Zucchini
je 1 rote und 1 grüne Paprika
1 Zwiebel
30 ml Pflanzenöl
1 Ei
60 g Dinkelmehl
10 g Petersilie
10 g Schnittlauch
Salz
Pfeffer

Öl
1 Ei zum Bestreichen

1 Strudelteig laut Grundrezept (Seite 16) bereiten und mindestens 30 Minuten entspannen bzw. rasten lassen.

2 Den Dinkel zuerst eine Stunde in warmem Wasser einweichen und anschließend bissfest kochen. Karotten schälen, in Streifen schneiden und bissfest dämpfen. Zucchini und Paprika in Streifen schneiden. Die Zwiebel schälen und fein hacken.

3 Öl in einer Pfanne erhitzen und Zwiebel darin goldgelb anrösten. Das Gemüse dazugeben und einige Minuten auf kleiner Flamme mitdünsten. Ausgekühlten Dinkel und Gemüse mit verquirltem Ei, Dinkelmehl sowie fein gehackter Petersilie und Schnittlauch gut durchmischen. Mit Salz und Pfeffer würzen.

4 Strudelteig wie beschrieben auf einem Strudeltuch ausziehen. Das erste Teigdrittel mit der Fülle belegen. Die restliche Teigfläche mit Öl beträufeln, damit der Teig gut blättern kann. Die Seitenränder einschlagen und Strudel mit dem Tuch einrollen.

5 Strudel mit der Teignaht nach unten auf ein mit Backpapier belegtes Backblech legen und mit Ei bestreichen.

6 Im vorgeheizten Backrohr bei 180 °C ca. 35 bis 40 Minuten backen.

Tipp: *Dinkel kann durch andere heimische Getreidesorten wie Weizen, Einkorn, Emmer, Purpurweizen oder Indigoweizen ersetzt werden.*

Huhn-Erbsenstrudel

250 g Mehl
1 EL Öl
1 EL Apfelessig
ca. 125 ml lauwarmes Wasser
Salz

Fülle
400 g Knödelbrot
400 ml Milch
4 Eier
200 g Zwiebeln
50 g Butter
400 g Hühnerbrustfilet
300 g Erbsen, tiefgekühlt
1 kleiner Zweig Rosmarin
Salz
weißer Pfeffer

Öl
1 Ei zum Bestreichen

1. Strudelteig laut Grundrezept (Seite 16) bereiten und mindestens 30 Minuten entspannen bzw. rasten lassen.
2. Knödelbrot in eine große Schüssel geben. Milch mit den Eiern verrühren und über das Knödelbrot gießen. Semmelmasse gut würzen. Zwiebeln schälen und kleinwürfelig schneiden.
3. Butter erwärmen und Zwiebeln darin leicht bräunlich anrösten. Fleisch in kleine Stücke schneiden und darin ebenfalls mitrösten, bis es hellbraune Ränder bekommt.
4. Erbsen dazugeben und 3 Minuten zugedeckt stehen lassen. Rosmarin fein schneiden, Gewürze unterrühren und alles gut abschmecken.
5. Strudelteig wie beschrieben auf einem Strudeltuch ausziehen. Das erste Teigdrittel mit der Fülle belegen. Die restliche Teigfläche mit Öl beträufeln, damit der Teig gut blättern kann. Die Seitenränder einschlagen und Strudel mit dem Tuch einrollen.
6. Strudel mit der Teignaht nach unten auf ein mit Backpapier belegtes Backblech legen und mit Ei bestreichen.
7. Im vorgeheizten Backrohr bei 180 °C ca. 35 bis 40 Minuten backen.

Tipp: *Der Strudel kann auch in einer befetteten Backform oder Reine gebacken werden.*

Steinpilz-Polentastrudel

250 g Mehl
1 EL Öl
1 EL Apfelessig
ca. 125 ml lauwarmes Wasser
Salz

Fülle
500 ml Milch
Salz
Pfeffer
180 g Polenta
100 g rote Zwiebeln
500 g Steinpilze
40 g Butter
3 Eier

50 g Butter zum Bestreichen

1 Strudelteig laut Grundrezept (Seite 16) bereiten und mindestens 30 Minuten entspannen bzw. rasten lassen.

2 Milch mit den Gewürzen aufkochen. Polenta zufügen und unter ständigem Rühren einmal aufkochen lassen. Herd ausschalten und Polenta zugedeckt auf der heißen Herdplatte 15 Minuten nachdunsten lassen.

3 Inzwischen Zwiebeln schälen und kleinwürfelig schneiden. Die Pilze putzen und dann blättrig schneiden. Butter in einer Pfanne erhitzen und Zwiebeln darin goldbraun anrösten. Vorbereitete Pilze dazugeben und so lange dünsten, bis alle Flüssigkeit verdampft ist.

4 Nun zur bereits überkühlten Polentamasse geben. Eier verquirlen und in die Pilzpolenta als Bindemittel einrühren. Nochmals gut abschmecken.

5 Strudelteig wie beschrieben auf einem Strudeltuch ausziehen. Das erste Teigdrittel mit der Fülle belegen. Die restliche Teigfläche mit zerlassener Butter bestreichen, damit der Teig gut blättern kann. Die Seitenränder einschlagen und Strudel mit dem Tuch einrollen. Strudel mit der Teignaht nach unten auf ein mit Backpapier belegtes Backblech legen und mit Butter bestreichen.

6 Im vorgeheizten Backrohr bei 180 °C ca. 35 bis 40 Minuten backen.

7 Dazu einen schmackhaften Tomatensalat reichen.

Tipp: *Grieß anstelle von Polenta ergibt eine wunderschöne, helle Strudelfarbe. Die Pilze dann sehr vorsichtig einrühren, damit die weiße Farbe erhalten bleibt.*

Graukäse-Semmelstrudel

250 g Mehl
1 EL Öl
1 EL Apfelessig
ca. 125 ml lauwarmes Wasser
Salz

Fülle
400 g Knödelbrot
400 ml Milch
4 Eier
Salz
Pfeffer aus der Mühle
150 g Zwiebel
80 g Butter
300 g Graukäse oder Ennstaler Steirerkäse

50 g Butter zum Bestreichen

1. Strudelteig laut Grundrezept (Seite 16) bereiten und mindestens 30 Minuten entspannen bzw. rasten lassen.
2. Knödelbrot in eine große Schüssel geben. Milch mit den Eiern verrühren und über das Knödelbrot gießen. Semmelmasse gut würzen. Zwiebel schälen und kleinwürfelig schneiden.
3. Butter erwärmen und Zwiebel darin leicht bräunlich anrösten. Käse je nach Käseart zerkleinern oder in Bröseln mit der ausgekühlten Zwiebel zum Knödelbrot geben.
4. Masse gut durchrühren und nochmals würzig abschmecken.
5. Strudelteig wie beschrieben auf einem Strudeltuch ausziehen. Das erste Teigdrittel mit der Fülle belegen. Die restliche Teigfläche mit zerlassener Butter bestreichen, damit der Teig gut blättern kann. Die Seitenränder einschlagen und Strudel mit dem Tuch einrollen. Strudel mit der Teignaht nach unten auf ein mit Backpapier belegtes Backblech legen und mit Butter bestreichen.
6. Im vorgeheizten Backrohr bei 180 °C ca. 35 bis 40 Minuten backen.
7. Dazu Schnittlauchsauce (Seite 24) servieren. Man kann den Strudel auch als Suppeneinlage verwenden.

Tipp: *Käse ist immer Geschmacksache: den Strudel am besten mit dem eigenen Lieblingskäse ausprobieren.*

Bohnen-Schafskäsestrudel

250 g Mehl
1 EL Öl
1 EL Apfelessig
ca. 125 ml lauwarmes Wasser
Salz

Fülle
100 g Hamburgerspeck
150 g Zwiebeln
3 Knoblauchzehen
100 g Semmeln vom Vortag
bzw. 150 g Knödelbrot
200 g fester Schafskäse
3 Eier
200 ml Sauerrahm
400 g gekochte Bohnen oder
Käferbohnen
10 g Petersilie
Salz
Pfeffer
10 g Bohnenkraut

Öl
1 Ei zum Bestreichen

1 Strudelteig laut Grundrezept (Seite 16) bereiten und mindestens 30 Minuten entspannen bzw. rasten lassen.

2 Speck und geschälte Zwiebeln kleinwürfelig schneiden. Knoblauch schälen und fein schneiden. Semmeln bzw. Knödelbrot sowie Käse ebenfalls in Würfel schneiden.

3 Speckwürfel in einer Pfanne auslassen, Zwiebeln und Knoblauch zugeben, alles hell anschwitzen und dann vom Herd nehmen. Semmeln mit Eiern und Sauerrahm verrühren. Nach 15 Minuten mit sämtlichen anderen Zutaten vermengen und sehr würzig abschmecken.

4 Strudelteig wie beschrieben auf einem Strudeltuch ausziehen. Das erste Teigdrittel mit der Fülle belegen. Die restliche Teigfläche mit Öl beträufeln, damit der Teig gut blättern kann. Die Seitenränder einschlagen und Strudel mit dem Tuch einrollen.

5 Strudel mit der Teignaht nach unten auf ein mit Backpapier belegtes Backblech legen und mit Ei bestreichen.

6 Im vorgeheizten Backrohr bei 180 °C ca. 35 bis 40 Minuten backen.

7 Mit einer leichten Krensauce (Seite 22) servieren.

Tipp: *Der Strudel bereitet auch Vegetariern eine wahre Freude: einfach den Speck weglassen!*

Weißwurst-Sauerkrautstrudel

250 g Mehl
1 EL Öl
1 EL Apfelessig
ca. 125 ml lauwarmes Wasser
Salz

Fülle
500 g Erdäpfel
3 Knoblauchzehen
20 g Schweinefett
500 g Sauerkraut
100 ml Wasser
Salz
Pfeffer
500 g Weißwürste

Öl
1 Ei zum Bestreichen

1 Strudelteig laut Grundrezept (Seite 16) bereiten und mindestens 30 Minuten entspannen bzw. rasten lassen.

2 Die Erdäpfel in der Schale kochen. Danach überkühlen lassen, schälen und blättrig schneiden. Die Knoblauchzehen schälen und fein schneiden.

3 Schweinefett in einer Pfanne erhitzen und Knoblauch darin goldgelb anschwitzen.

4 Sauerkraut dazugeben, umrühren und mit Wasser aufgießen. Mit Salz und Pfeffer würzen und 5 Minuten leicht kochen lassen.

5 Vom Herd nehmen, überkühlen lassen und dann die Erdäpfel unterrühren.

6 Nochmals gut würzig abschmecken. Würste schälen und in 2 cm dicke Scheiben schneiden.

7 Strudelteig wie beschrieben auf einem Strudeltuch ausziehen. Das erste Teigdrittel mit der Fülle belegen. Die Wurststücke darauf verteilen. Die restliche Teigfläche mit Öl beträufeln, damit der Teig gut blättern kann. Die Seitenränder einschlagen und Strudel mit dem Tuch einrollen. Strudel mit der Teignaht nach unten auf ein mit Backpapier belegtes Backblech legen und mit Ei bestreichen.

8 Im vorgeheizten Backrohr bei 180 °C ca. 35 bis 40 Minuten backen.

9 Mit süßem Senf anrichten und warm servieren.

Tipp: *Lässt man die Würste ganz und legt diese auf die Fülle, hat man in der Mitte des Strudels eine durchgängige Wurst – ein optischer Hingucker!*

Wirsingstrudel mit Frischkäse

250 g Mehl
1 EL Öl
1 EL Apfelessig
ca. 125 ml lauwarmes Wasser
Salz

Fülle
1 kg Erdäpfel
600 g Wirsing (oder auch Grünkohl)
3 Knoblauchzehen
150 g Zwiebeln
40 g Butter
100 ml Wasser
Salz
Pfeffer
300 g Frischkäse
2 Eier

Öl
50 ml Milch oder 1 Ei zum Bestreichen

1. Strudelteig laut Grundrezept (Seite 16) bereiten und mindestens 30 Minuten entspannen bzw. rasten lassen.
2. Erdäpfel in der Schale kochen, schälen und in kleinere Würfel schneiden. Wirsing vierteln und Strunk entfernen. Wirsing mit einem großen Messer in feine Streifen schneiden. Knoblauch und Zwiebeln schälen und fein schneiden.
3. Butter in einer größeren Pfanne erhitzen und Zwiebeln und Knoblauch darin glasig anschwitzen. Wirsing dazugeben, gut durchrühren und mit Wasser aufgießen. Gewürze zufügen und ca. 30 Minuten langsam dünsten lassen. Vom Herd nehmen und auskühlen lassen.
4. Anschließend mit den Erdäpfeln vermengen und würzig abschmecken.
5. Den Frischkäse mit den Eiern gut verrühren und unter die Erdäpfel-Wirsingmasse ziehen.
6. Strudelteig wie beschrieben auf einem Strudeltuch ausziehen. Das erste Teigdrittel mit der Fülle bestreichen. Die restliche Teigfläche mit Öl beträufeln, damit der Teig gut blättern kann. Die Seitenränder einschlagen und Strudel mit dem Tuch einrollen.
7. Strudel mit der Teignaht nach unten auf ein mit Backpapier belegtes Backblech legen und mit Ei oder Milch bestreichen.
8. Im vorgeheizten Backrohr bei 180 °C ca. 35 bis 40 Minuten backen.
9. Am besten mit würziger Tomaten- oder Paprikasauce (Seite 23) servieren.

Tipp: *Fleischliebhaber können Selchfleischwürfel dazugegeben!*

Spaghetti-Speckstrudel

250 g Mehl
1 EL Öl
1 EL Apfelessig
ca. 125 ml lauwarmes Wasser
Salz

Fülle
500 g Weißkraut
150 g Zwiebeln
40 g Schweineschmalz
50 g Zucker
Salz
Pfeffer
10 g Kümmel
200 ml Wasser
150 g Spaghetti
200 g Jausenspeck

Öl
50 ml Milch oder 1 Ei zum Bestreichen

Tipp: *Werden Fleckerl-Nudeln verwendet und der Speck weggelassen, entsteht ein köstlicher Krautfleckerlstrudel.*

1 Strudelteig laut Grundrezept (Seite 16) bereiten und mindestens 30 Minuten entspannen bzw. rasten lassen.

2 Beim Weißkrautkopf wenn nötig die äußeren Blätter abziehen. Krautkopf vierteln und den Strunk herausschneiden. Mit einer Haushaltsmaschine oder von Hand fein schneiden. Zwiebeln schälen und kleinwürfelig schneiden.

3 Schweineschmalz in einem Kochtopf erhitzen und den Zucker zufügen. Zucker karamellisieren lassen, dann die Zwiebelwürfel dazugeben und rasch verrühren.

4 Vorbereitetes Kraut dazugeben und würzen. Mit Wasser aufgießen und mindestens 30 Minuten langsam dünsten lassen.

5 In der Zwischenzeit die Spaghetti in ausreichend Salzwasser bissfest kochen. Nudeln abseihen und mit Wasser leicht abspülen. Speck in feine Würfel schneiden. Fertiges Kraut auskühlen lassen und dann die Nudeln und die Speckwürfel unterrühren.

6 Nochmals mit Salz und Pfeffer würzig abschmecken.

7 Strudelteig wie beschrieben auf einem Strudeltuch ausziehen. Das erste Teigdrittel mit der Fülle belegen. Die restliche Teigfläche mit Öl beträufeln, damit der Teig gut blättern kann. Die Seitenränder einschlagen und Strudel mit dem Tuch einrollen.

8 Strudel mit der Teignaht nach unten auf ein mit Backpapier belegtes Backblech legen und mit Ei oder Milch bestreichen.

9 Im vorgeheizten Backrohr bei 180 °C ca. 35 bis 40 Minuten backen. Mit beliebigem Salat servieren.

Erdäpfelstrudel mit Schweinsfilet

250 g Mehl
1 EL Öl
1 EL Apfelessig
ca. 125 ml lauwarmes Wasser
Salz

Fülle
450 g Erdäpfel
50 g durchzogener Speck
150 g Zwiebeln
40 g Butter
2 Eier
Salz
Pfeffer
1 Prise Muskatnuss
300 g Schweinsfilet
40 g Pflanzenöl
1 Knoblauchzehe
150 g Blattspinat, tiefgekühlt

Öl
1 Ei zum Bestreichen

1 Strudelteig laut Grundrezept (Seite 16) bereiten und mindestens 30 Minuten entspannen bzw. rasten lassen.

2 Erdäpfel waschen und in der Schale weichkochen. Abseihen und auf einem Blech 20 Minuten ins auf 130 °C vorgeheizte Backrohr schieben, damit sie gut ausdampfen.

3 Danach die Erdäpfel schälen und durch die Erdäpfelpresse drücken.

4 Speck in kleine Würfel schneiden. Zwiebeln schälen und ebenso in kleine Würfel schneiden. Speck und Zwiebeln in Butter anrösten. Alles überkühlen lassen und mit den Eiern unter die Erdäpfelmasse rühren. Mit Salz, Pfeffer und Muskatnuss würzen.

5 Das Schweinsfilet putzen, mit Salz und Pfeffer würzen. Öl in einer Pfanne erhitzen und Schweinsfilet darin rundum kurz anbraten. Danach ebenso auskühlen lassen.

6 Knoblauchzehe schälen und fein schneiden. Spinat mit Knoblauch und Salz verrühren.

7 Strudelteig wie beschrieben auf einem Strudeltuch ausziehen.

8 Das erste Teigdrittel mit der Erdäpfelfülle bestreichen. Das Schweinsfilet darauflegen und mit dem Spinat abdecken. Die restliche Teigfläche mit Öl beträufeln, damit der Teig gut blättern kann. Die Seitenränder einschlagen und Strudel mit dem Tuch einrollen. Strudel mit der Teignaht nach unten auf ein mit Backpapier belegtes Backblech legen und mit Ei bestreichen.

9 Im vorgeheizten Backrohr bei 180 °C ca. 35 bis 40 Minuten backen und mit Preiselbeeren servieren.

Tipp: *Anstelle der Erdäpfel und des Spinates eignet sich auch eine würzige Schwammerl- oder Gemüsefülle bestens.*

Scharfer Wildkräuterstrudel mit Curry

250 g Mehl
1 EL Öl
1 EL Apfelessig
ca. 125 ml lauwarmes Wasser
Salz

Fülle
500 g Erdäpfel
50 g Wildkräuter (Brennnessel, Giersch, Taubnessel, Spitzwegerich, Ampfer, Schafgarbe …)
2 Knoblauchzehen
3 Eier
50 g Butter
Salz, weißer Pfeffer
1/2 TL Curry
1 Prise Chiliflocken
250 g Magertopfen

Öl
50 ml Milch oder 1 Ei zum Bestreichen

1 Strudelteig laut Grundrezept (Seite 16) bereiten und mindestens 30 Minuten entspannen bzw. rasten lassen.

2 Für die Fülle die Erdäpfel mit der Schale kochen. Danach überkühlen, schälen und blättrig schneiden. Die Wildkräuter und den geschälten Knoblauch fein schneiden.

3 Eier und Butter schaumig aufschlagen. Die Gewürze, die Kräuter und den Knoblauch dazugeben und mit dem Topfen gut verrühren. Zuletzt die Erdäpfel unterheben und noch gut würzig mit einer angenehmen Schärfe abschmecken.

4 Strudelteig wie beschrieben auf einem Strudeltuch ausziehen. Das erste Teigdrittel mit der Fülle bestreichen Die restliche Teigfläche mit Öl beträufeln, damit der Teig gut blättern kann. Die Seitenränder einschlagen und Strudel mit dem Tuch einrollen.

5 Strudel mit der Teignaht nach unten auf ein mit Backpapier belegtes Backblech legen und mit Ei oder Milch bestreichen.

6 Im vorgeheizten Backrohr bei 180 °C ca. 35 bis 40 Minuten backen.

7 Dazu passt sehr gut eine Rahm-Kräutersauce (Seite 22).

Tipp: *Selbstverständlich passen auch Gartenkräuter oder einfach nur Brennesseln hervorragend dazu.*

Linsen-Karottenstrudel

250 g Mehl
1 EL Öl
1 EL Apfelessig
ca. 125 ml lauwarmes Wasser
Salz

Fülle
300–400 g getrocknete Linsen nach Wahl
2 Lorbeerblätter
3 Semmeln
200 g Karotten
80 g Zwiebeln
4 Zehen Knoblauch
80 g durchzogener Bauchspeck
100 g Butter
2 Eidotter
250 ml Sauerrahm
Salz
Pfeffer
1/2 KL Kümmel
1 TL Majoran
2 Eiklar

Öl
50 ml Milch oder 1 Ei zum Bestreichen

Tipp: *Linsen können durch Rollgerste und Speck durch Selchfleisch ersetzt werden.*

1 Strudelteig laut Grundrezept (Seite 16) bereiten und mindestens 30 Minuten entspannen bzw. rasten lassen.

2 Die Linsen in viel warmem Wasser mit Lorbeerblättern 2 Stunden einweichen. Dann im Einweichwasser weichkochen. Das Kochwasser abschütten und die Linsen mit Wasser abschrecken.

3 Die Semmeln in Wasser einweichen. Die Karotten schälen und fein reiben. Zwiebeln und Knoblauch schälen und würfelig schneiden. Ebenso den Speck schneiden.

4 Butter erhitzen und Zwiebeln, Knoblauch und Speck darin glasig anlaufen lassen. Auskühlen lassen und die Eidotter untermengen. Danach die Semmeln ausdrücken, passieren und dazugeben. Den Sauerrahm, die Linsen und die Karotten untermengen und würzen. Das Eiklar zu Eischnee schlagen und locker in die Linsenmasse einheben.

5 Strudelteig wie beschrieben auf einem Strudeltuch ausziehen. Das erste Teigdrittel mit der Fülle bestreichen. Die restliche Teigfläche mit Öl beträufeln, damit der Teig gut blättern kann. Die Seitenränder einschlagen und Strudel mit dem Tuch einrollen.

6 Strudel mit der Teignaht nach unten auf ein mit Backpapier belegtes Backblech legen und mit Ei oder Milch bestreichen.

7 Im vorgeheizten Backrohr bei 180 °C ca. 35 bis 40 Minuten backen.

8 Mit Krensauce (Seite 22) und bunter Gemüsejulienne anrichten.

Grammelstrudel mit Erdäpfelteig

500 g Erdäpfel
50 g Butter
100 g Mehl
2 Eier
Salz
1 Prise Muskat

Fülle
100 g Schalotten
20 g Schweinefett
400 g Grammeln
Salz
Pfeffer
20 g Petersilie

1 Ei zum Bestreichen

1 Die Erdäpfel in wenig Wasser kochen bzw. dämpfen. Danach schälen und noch heiß durch die Erdäpfelpresse drücken. Nach dem Überkühlen die restlichen Teigzutaten zufügen und rasch und gut durchkneten (siehe auch Seite 18).

2 Die Schalotten schälen und fein schneiden. Schweinefett in einer Pfanne erhitzen und Schalotten darin kurz anrösten. Grammeln dazugeben und kurz mitrösten.

3 Würzen und auskühlen lassen. Zuletzt die Petersilie fein schneiden und unter die Grammelmasse rühren.

4 Teig auf einem Strudeltuch in der Größe von 40 mal 40 cm ausrollen. Fülle auf 2/3 des Teiges verteilen und mit dem Strudeltuch einrollen. Auf ein mit Backpapier belegtes Backblech legen und mit zerklopftem Ei bestreichen.

5 Bei 180 °C im vorgeheizten Backrohr je nach Größe zwischen 40 und 50 Minuten backen. Sehr gut schmeckt dazu ein Kraut- oder Sauerkrautsalat.

Tipp: *Genauso gut kann mit diesem Teig ein Fleisch- oder Spinatstrudel zubereitet werden.*

Bunter Debrezinerstrudel

250 g Mehl
1 EL Öl
1 EL Apfelessig
ca. 125 ml lauwarmes Wasser
Salz

Fülle
800 g mehligkochende Erdäpfel
80 g Butter
100 g Mehl
2 Eier
Salz
1 Prise Muskat
100 g Erbsen, tiefgekühlt
6 Debreziner

Öl
50 ml Milch oder 1 Ei zum Bestreichen

1 Strudelteig laut Grundrezept (Seite 16) bereiten und mindestens 30 Minuten entspannen bzw. rasten lassen.

2 Für die Fülle die Erdäpfel mit wenig Wasser garen. Danach überkühlen lassen, schälen und durch die Erdäpfelpresse drücken. Dann mit Butter, Mehl, Eiern, Salz und Muskat gut verrühren.

3 Die Erbsen dämpfen und mit dem Pürierstab pürieren. Die Hälfte der Erdäpfelmasse mit dem Erbsenpüree vermengen.

4 Beide Massen würzig abschmecken.

5 Strudelteig wie beschrieben auf einem Strudeltuch ausziehen. Das erste Teigviertel mit der hellen Fülle bestreichen. Das zweite Teigviertel mit der Erbsenmasse bestreichen. Die Debreziner längs auf den Anfang der Fülle legen.

6 Die restliche Teigfläche mit Öl beträufeln, damit der Teig gut blättern kann. Die Seitenränder einschlagen und Strudel mit dem Tuch einrollen. Strudel mit der Teignaht nach unten auf ein mit Backpapier belegtes Backblech legen und mit Ei oder Milch bestreichen.

7 Im vorgeheizten Backrohr bei 180 °C ca. 35 bis 40 Minuten backen.

8 Mit buntem Salat servieren.

Tipp: *Der Fantasie sind keine Grenzen gesetzt: Debreziner durch andere Würstel, Erbsen durch pürierten Spinat, Rote Rüben oder Tomatenmark tauschen.*

Erdäpfel-Schinkenstrudel mit Zucchini

250 g Mehl
1 EL Öl
1 EL Apfelessig
ca. 125 ml lauwarmes Wasser
Salz

Fülle
500 g mehligkochende Erdäpfel
2 Eier
100 ml Sauerrahm
50 g Grieß
1 Prise Muskat
Salz
Pfeffer aus der Mühle
1/2 KL Kümmel, gemahlen
200 g Zucchini
250 g Kochschinken

Öl
1 Ei zum Bestreichen

1 Strudelteig laut Grundrezept (Seite 16) bereiten und mindestens 30 Minuten entspannen bzw. rasten lassen.

2 Erdäpfel mit wenig Wasser garen. Danach überkühlen lassen, schälen und blättrig schneiden.

3 Die Eier mit dem Sauerrahm, Grieß und den Gewürzen gut verrühren. Die Erdäpfelscheiben dazugeben, vermengen und gut würzig abschmecken. Zucchini mit der Schneidmaschine in 2 mm dicke lange Streifen schneiden.

4 Strudelteig wie beschrieben auf einem Strudeltuch ausziehen.

5 Das erste Teigdrittel mit den Schinkenscheiben und danach mit den Zucchinischeiben belegen. Die Erdäpfelfülle daraufstreichen.

6 Die restliche Teigfläche mit Öl beträufeln, damit der Teig gut blättern kann. Die Seitenränder einschlagen und Strudel mit dem Tuch einrollen. Strudel mit der Teignaht nach unten auf ein mit Backpapier belegtes Backblech legen und mit Ei bestreichen.

7 Im vorgeheizten Backrohr bei 180 °C ca. 35 bis 40 Minuten backen.

8 Mit herzhaftem Salat der Saison servieren.

Tipp: *Es müssen nicht Zucchini sein. Im Frühjahr bietet sich Bärlauch besonders gut an.*

Zucchini-Topfenstrudel mit Hartkäse

250 g Mehl
1 EL Öl
1 EL Apfelessig
ca. 125 ml lauwarmes Wasser
Salz

Fülle
800 g Zucchini
Salz
2 Eier
250 g Magertopfen
weißer Pfeffer
1 TL Thymian
200 g Hartkäse

Öl
1 Ei zum Bestreichen

1 Strudelteig laut Grundrezept (Seite 16) bereiten und mindestens 30 Minuten entspannen bzw. rasten lassen.

2 Zucchini grob raspeln und mit Salz vermengen. 10 Minuten stehen lassen und danach leicht ausdrücken.

3 Die Eier mit dem Topfen gut verrühren und die Gewürze dazugeben. Mit den vorbereiteten Zucchini gut vermengen und würzig abschmecken. Den Hartkäse grob reiben.

4 Strudelteig wie beschrieben auf einem Strudeltuch ausziehen. Das erste Teigdrittel mit der Fülle besteichen. Die restliche Teigfläche mit Öl beträufeln, damit der Teig gut blättern kann. Die Seitenränder einschlagen und Strudel mit dem Tuch einrollen.

5 Strudel mit der Teignaht nach unten auf ein mit Backpapier belegtes Backblech legen und mit Ei bestreichen.

6 Im vorgeheizten Backrohr bei 180 °C ca. 35 bis 40 Minuten backen.

7 Mit in Butter sautierten Zucchinistreifen anrichten und servieren.

Tipp: *Im Herbst dürfen die Zucchini durch verschiedene Kürbisse in derselben Menge ersetzt werden.*

Herzhafte Beilagenstrudel

Rotkrautstrudel

200 g Mehl
1 EL Öl
1 EL Apfelessig
ca. 100 ml lauwarmes Wasser
1 Prise Salz

Fülle
1 mittlerer Rotkrautkopf
(ca. 1 kg)
200 g rote Zwiebeln
40 g Öl
40 g Zucker
250 ml Suppe oder Rotwein
Salz
je 1 Msp. Zimt und Nelken
3 Äpfel

50 g Butter
1 Ei zum Bestreichen

1 Strudelteig laut Grundrezept (Seite 16) bereiten und mindestens 30 Minuten entspannen bzw. rasten lassen.

2 Vom Rotkrautkopf wenn nötig die äußeren Blätter entfernen, Kraut vierteln und Strunk herausschneiden. Danach fein schneiden. Zwiebeln schälen und in Ringe schneiden.

3 Das Öl erhitzen und den Zucker darin karamellisieren. Zwiebeln zufügen und gut durchrühren, bis diese Farbe annehmen. Vorbereitetes Rotkraut dazugeben und mit Zuckerzwiebeln verrühren. Mit Suppe oder, noch geschmackvoller, mit Rotwein aufgießen.

4 Kraut würzen und langsam köchelnd weichdünsten. Äpfel mit der Schale grob raspeln und dann zum Kraut geben. Nochmals einige Minuten weiterdünsten, abschmecken und auskühlen lassen.

5 Strudelteig wie beschrieben auf einem Strudeltuch ausziehen. Das erste Teigdrittel mit der Fülle belegen. Die restliche Teigfläche mit zerlassener Butter beträufeln, damit der Teig gut blättern kann. Die Seitenränder einschlagen und Strudel mit dem Tuch einrollen. Strudel mit der Teignaht nach unten auf ein mit Backpapier belegtes Backblech legen und mit Ei bestreichen.

6 Im vorgeheizten Backrohr bei 180 °C ca. 35 Minuten backen.

7 Dieser Strudel ist ein sehr guter Beilagenstrudel zu Wild- und Bratengerichten.

Tipp: *Mit dem Variieren von Zutaten können viele unterschiedliche Geschmäcker erzielt werden. Beispielsweise den Saft einer frisch gepressten Orange, eine Quitte oder im Herbst auch Sternanis zugeben.*

Käsestrudel

200 g Mehl
1 EL Öl
1 EL Apfelessig
ca. 100 ml lauwarmes Wasser
1 Prise Salz

Fülle
200 ml Milch
2 Eier
100 g Knödelbrot
100 g Schalotten
30 g Butter
200 g Rahmbrie
50 g Hartkäse
Salz
Pfeffer

50 g Butter
1 Ei zum Bestreichen

1 Strudelteig laut Grundrezept (Seite 16) bereiten und mindestens 30 Minuten entspannen bzw. rasten lassen.

2 Milch und Eier gut versprudeln und über das Knödelbrot gießen. Schalotten schälen und fein schneiden. Butter in einer Pfanne erhitzen und Schalotten darin goldgelb rösten.

3 Den Rahmbrie in Würfel schneiden und den Hartkäse grob reiben. Die überkühlten Schalotten mit dem Käse und den Gewürzen zur Semmelmasse geben. Diese gleichmäßig verrühren und würzig abschmecken.

4 Strudelteig wie beschrieben auf einem Strudeltuch ausziehen. Das erste Teigdrittel mit der Fülle belegen. Die restliche Teigfläche mit zerlassener Butter beträufeln, damit der Teig gut blättern kann. Die Seitenränder einschlagen und Strudel mit dem Tuch einrollen. Strudel mit der Teignaht nach unten auf ein mit Backpapier belegtes Backblech legen und mit Ei bestreichen.

5 Im vorgeheizten Backrohr bei 180 °C ca. 35 Minuten backen.

6 Dieser Beilagenstrudel schmeckt sehr gut zu Ragouts und diversen Saftschnitzeln mit oder ohne Gemüse.

Tipp: *Schwarzbrot ist eine tolle Alternative zu den Weißbrotwürfeln. Zur Schwarzbrot-Variante schmecken vor allem kräftigere Käsesorten hervorragend.*

Erdäpfel-Kohlstrudel

200 g Mehl
1 EL Öl
1 EL Apfelessig
ca. 100 ml lauwarmes Wasser
1 Prise Salz

Fülle
300 g Erdäpfel
400 g Grünkohl
150 g Zwiebeln
40 g Butter oder Pflanzenöl
Pfeffer
Salz
1 TL Kümmel
100 ml Wasser

50 g Butter
1 Ei zum Bestreichen

1 Strudelteig laut Grundrezept (Seite 16) bereiten und mindestens 30 Minuten entspannen bzw. rasten lassen.

2 Erdäpfel in wenig Wasser dämpfen und überkühlen lassen. Inzwischen vom Grünkohl wenn nötig die äußeren Blätter entfernen und den Grünkohl vierteln. Strunk herausschneiden und die Blätter fein schneiden. Zwiebeln schälen und kleinwürfelig schneiden.

3 Butter oder Öl in einem passenden Kochtopf erhitzen und Zwiebeln darin goldgelb anrösten. Kohl zufügen, würzen und mit Wasser langsam weichdünsten. Dann gut auskühlen lassen. Die Erdäpfel schälen, blättrig schneiden und unter die Kohlmasse rühren. Fertige Fülle nochmals würzig abschmecken.

4 Strudelteig wie beschrieben auf einem Strudeltuch ausziehen. Das erste Teigdrittel mit der Fülle belegen. Die restliche Teigfläche mit zerlassener Butter beträufeln, damit der Teig gut blättern kann. Die Seitenränder einschlagen und Strudel mit dem Tuch einrollen. Strudel mit der Teignaht nach unten auf ein mit Backpapier belegtes Backblech legen und mit Ei bestreichen.

5 Im vorgeheizten Backrohr bei 180 °C ca. 35 Minuten backen.

6 Ein fantastischer Beilagenstrudel zu Geselchtem oder zu einem Surbraten.

Tipp: *Wer keine Lust auf Kohl hat, sollte den Strudel mit Rüben ausprobieren.*

Gemüse-Grießstrudel

200 g Mehl
1 EL Öl
1 EL Apfelessig
ca. 100 ml lauwarmes Wasser
1 Prise Salz

Fülle
500 ml Milch
Salz
150 g Grieß
100 g Fisolen
100 g Karotten
80 g gelbe Paprika
50 g Butter
3 Eier
1 Prise Muskatnuss

50 g Butter
1 Ei zum Bestreichen

1 Strudelteig laut Grundrezept (Seite 16) bereiten und mindestens 30 Minuten entspannen bzw. rasten lassen.

2 Milch mit Salz aufkochen. Grieß einfließen lassen und unter ständigem Rühren gut vermengen. Dann den Herd auf kleinste Flamme zurückschalten. Nach 5 Minuten ausschalten und Grießmasse nachdunsten lassen.

3 Inzwischen das Gemüse vorbereiten. Von den Fisolen die Enden abschneiden und dann in 3 cm lange Stücke schneiden. Diese einige Minuten dämpfen. Karotten schälen, in kleine Würfel schneiden und zu den Fisolen geben. Paprika entkernen und in kleine Würfel schneiden.

4 Die Butter schaumig rühren und Eidotter nach und nach einrühren. Die Grießmasse mit den Gewürzen dazugeben und alles gut vermengen. Gemüse zufügen und gleichmäßig unterheben. Eiklar zu steifem Schnee schlagen und leicht unter die Grießmasse heben.

5 Strudelteig wie beschrieben auf einem Strudeltuch ausziehen. Das erste Teigdrittel mit der Fülle bestreichen. Die restliche Teigfläche mit zerlassener Butter beträufeln, damit der Teig gut blättern kann. Die Seitenränder einschlagen und Strudel mit dem Tuch einrollen. Strudel mit der Teignaht nach unten auf ein mit Backpapier belegtes Backblech legen und mit Ei bestreichen.

6 Im vorgeheizten Backrohr bei 180 °C ca. 35 Minuten backen.

7 Sehr gut passt dieser bunte Beilagenstrudel zu Gulasch, aber auch zu Braten.

Tipp: *Vollkornliebhaber können auch Dinkelgrieß verwenden. Aber auch Bulgur oder Couscous sind ein spannender Ersatz für Grieß.*

Polentastrudel mit Preiselbeeren

200 g Mehl
1 EL Öl
1 EL Apfelessig
ca. 100 ml lauwarmes Wasser
1 Prise Salz

Fülle
250 ml Milch
250 ml Wasser oder klare Suppe
Salz
150 g Polenta
200 g Zwiebeln
90 g Butter
3 Eier
Pfeffer
3 g Ingwerpulver
100 g Preiselbeermarmelade

50 g Butter
1 Ei zum Bestreichen

Tipp: *Für Abwechslung sorgen geröstete Pilze oder Eierschwammerl anstatt der Preiselbeermarmelade.*

1 Strudelteig laut Grundrezept (Seite 16) bereiten und mindestens 30 Minuten entspannen bzw. rasten lassen.

2 Milch, Wasser oder Suppe mit Salz aufkochen. Polenta einfließen lassen und unter ständigem Rühren gut vermengen. Dann den Herd auf kleinste Flamme zurückschalten. Nach 5 Minuten ausschalten und Polentamasse nachdunsten lassen.

3 Zwiebeln schälen und kleinwürfelig schneiden. 40 g Butter in einer Pfanne zerlassen und Zwiebeln darin langsam glasig anlaufen lassen. 50 g Butter schaumig aufschlagen, Eidotter vom Eiklar trennen und Eidotter nach und nach einrühren.

4 Dann mit der ausgekühlten Polentamasse, den Gewürzen und den Zwiebeln gut verrühren. Eiklar zu steifem Schnee aufschlagen und vorsichtig unterheben.

5 Strudelteig wie beschrieben auf einem Strudeltuch ausziehen. Das erste Teigdrittel mit der Polentamasse bestreichen. Die Preiselbeermarmelade darauf gleichmäßig verteilen. Die restliche Teigfläche mit zerlassener Butter beträufeln, damit der Teig gut blättern kann. Die Seitenränder einschlagen und Strudel mit dem Tuch einrollen.

6 Strudel mit der Teignaht nach unten auf ein mit Backpapier belegtes Backblech legen und mit Ei bestreichen.

7 Im vorgeheizten Backrohr bei 180 °C ca. 35 Minuten backen.

8 Ein feiner Beilagenstrudel zu Wild- und Bratengerichten, aber auch zu Gans oder Huhn.

Spinatstrudel mit Topfenteig

130 g Butter
250 g Topfen (20 % Fett)
250 g Dinkelvollmehl
Salz
1 Eidotter

Fülle
100 g frischer Spinat
3 Knoblauchzehen
150 g Camembert
400 g Topfen
2 Eier
Salz
weißer Pfeffer

1 Ei zum Bestreichen
Sonnenblumenkerne zum Bestreuen

1 Die feste Butter in Würfel schneiden. Alle Teigzutaten rasch zu einem glatten Teig verkneten. Zu einem Ziegel formen und in Frischhaltefolie wickeln (siehe auch Seite 18).

2 Den Teig im Kühlschrank eine Stunde rasten lassen.

3 Spinat ganz kurz in kochendem Wasser blanchieren. Für die Fülle den Knoblauch schälen und fein schneiden. Camembert in kleine Würfel schneiden. Topfen mit den Eiern und den Gewürzen gut verrühren. Käse und Knoblauch zufügen und untermengen.

4 Teig zu einem Rechteck der Größe 30 mal 40 cm ausrollen. Den Blattspinat auf der Hälfte der Längsseite des Teiges auflegen. Topfen-Käsemasse darübergeben.

5 Strudel mit dem Tuch einrollen und die Enden zudrücken. Auf ein mit Backpapier belegtes Backblech legen. Mit Ei bestreichen und mit Sonnenblumenkernen bestreuen.

6 Bei 180 °C ca. 30 Minuten goldbraun backen.

7 Dieser Strudel ist eine gute Beilage zu Fischgerichten.

Tipp: *Spinat je nach Jahreszeit durch grünen oder bunten Mangold ersetzen.*

Topfen-Bröselstrudel

130 g Butter
250 g Topfen (20 % Fett)
250 g Mehl
1 Eidotter
Salz

Fülle
40 Butter zum Bestreichen
30 g frische Gartenkräuter
80 g Brösel
5 g Kräutersalz

1 Die feste Butter in Würfel schneiden. Alle Teigzutaten rasch zu einem glatten Teig verkneten. Zu einem Ziegel formen und in Frischhaltefolie wickeln. Den Teig im Kühlschrank eine Stunde rasten lassen (siehe auch Seite 18).

2 Für die Fülle die Butter zerlassen und die Kräuter fein schneiden.

3 Teig zu einem Rechteck der Größe 30 mal 40 cm ausrollen. 3/4 mit Butter bestreichen und dann mit den Bröseln bestreuen. Kräuter darauf verteilen und leicht salzen.

4 Strudel fest einrollen und in Frischhaltefolie wickeln. Im Dampfgarer oder in einem Dampfeinsatz 20 Minuten garen. Zum Anrichten aus der Folie nehmen und in passende Scheiben von ca. 1 cm schneiden. Dieser Strudel ist ein Beilagenstrudel für alle saftigen Fleischgerichte.

Tipps: *Anstatt Weizenmehl darf auch Dinkelmehl verwendet werden. Die Strudelscheibchen können vor dem Anrichten auch noch mit Parmesan bestreut und kurz überbacken werden: eine köstliche Zugabe!*

Kürbisstrudel mit Feta

200 g Mehl
1 EL Öl
1 EL Apfelessig
ca. 100 ml lauwarmes Wasser
1 Prise Salz

Fülle
1 kg Kürbis nach Wahl
Salz
200 g Zwiebeln
30 g Pflanzenöl
1 TL Kümmel
Pfeffer
1 Prise Muskatnuss
250 g Fetakäse
250 g Magertopfen
40 g Maisstärke

Öl
1 Ei zum Bestreichen

1 Strudelteig laut Grundrezept (Seite 16) bereiten und mindestens 30 Minuten entspannen bzw. rasten lassen.

2 Kürbis wenn nötig schälen und entkernen. Mit einem guten Reibeisen oder einer entsprechenden Haushaltsmaschine grob raspeln. Kürbis einsalzen und 10 Minuten ziehen lassen. Anschließend das sich durch das Salz lösende Wasser gut ausdrücken.

3 Zwiebeln schälen und fein schneiden. Öl in einem entsprechend großen Topf erhitzen und Zwiebeln darin goldbraun anrösten. Kürbis zufügen und bei schwacher Hitze weichdünsten (Dauer hängt von der Art des Kürbis ab). Danach würzen und auskühlen lassen.

4 Fetakäse in größere Würfel schneiden. Den Topfen und die Maisstärke gleichmäßig in die Kürbismasse einrühren und alles sehr gut würzig abschmecken.

5 Strudelteig wie beschrieben auf einem Strudeltuch ausziehen. Das erste Teigdrittel mit der Kürbismasse bestreichen. Die Fetawürfel darauf gleichmäßig verteilen. Die restliche Teigfläche mit Öl beträufeln, damit der Teig gut blättern kann. Die Seitenränder einschlagen und Strudel mit dem Tuch einrollen. Strudel mit der Teignaht nach unten auf ein mit Backpapier belegtes Backblech legen und mit Ei bestreichen.

6 Im vorgeheizten Backrohr bei 180 °C ca. 35 Minuten backen.

7 Dieser aromatische Beilagenstrudel ist gut kombinierbar mit würzigen Selch- oder Bratwürsten sowie mit gekochtem Rindfleisch.

Tipp: *Fetakäse durch Ziegenfrischkäse getauscht, ergibt eine ganz andere Geschmackskomponente.*

Curry-Reisstrudel mit Äpfeln

200 g Mehl
1 EL Öl
1 EL Apfelessig
ca. 100 ml lauwarmes Wasser
1 Prise Salz

Fülle
200 g Risottoreis
400 ml Wasser
Salz
1 Ästchen Currykraut
1/2 TL Curry
2 Äpfel
10 g Zucker

Öl
1 Ei zum Bestreichen

1 Strudelteig laut Grundrezept (Seite 16) bereiten und mindestens 30 Minuten entspannen bzw. rasten lassen.

2 Reis mit Wasser und Salz aufkochen. Herd auf kleine Flamme zurückschalten.

3 Das Currykraut fein schneiden und mit dem Curry zum Reis geben, wenn dieser gar ist. Gut durchrühren und auskühlen lassen.

4 Die Äpfel schälen und raspeln. Gleichmäßig unter den Curryreis ziehen und Masse würzig abschmecken.

5 Strudelteig wie beschrieben auf einem Strudeltuch ausziehen. Das erste Teigdrittel mit der Fülle bestreichen. Die restliche Teigfläche mit Öl beträufeln, damit der Teig gut blättern kann. Die Seitenränder einschlagen und Strudel mit dem Tuch einrollen.

6 Strudel mit der Teignaht nach unten auf ein mit Backpapier belegtes Backblech legen und mit Ei bestreichen.

7 Im vorgeheizten Backrohr bei 180 °C ca. 35 Minuten backen.

8 Ein ganz besonderer Beilagenstrudel zu kurzgebratenem hellem Fleisch.

Tipp: *Anstelle von Risottoreis bietet sich auch der heimische Zartweizenreis oder anderer Getreidereis hervorragend an.*

Erdäpfel-Kürbisstrudel

200 g Mehl
1 EL Öl
1 EL Apfelessig
ca. 100 ml lauwarmes Wasser
1 Prise Salz

Fülle
300 g mehligkochend Erdäpfel
1 kg Kürbis nach Wahl
150 g Zwiebeln
40 g Butter
Salz
100 ml Wasser
5 Blätter Salbei
1 EL Balsamico-Essig
1 TL Thymian

Öl
1 Ei zum Bestreichen

1 Strudelteig laut Grundrezept (Seite 16) bereiten und mindestens 30 Minuten entspannen bzw. rasten lassen.

2 Für die Fülle die Erdäpfel weichdämpfen und auskühlen lassen. Kürbis teilen und entkernen. Kürbis und geschälte Zwiebeln grob schneiden.

3 Butter in einem entsprechend großen Topf erhitzen und Gemüse darin anbraten.

4 Salzen und mit Wasser aufgießen. Zugedeckt mit den fein geschnittenen Salbeiblättern bei kleiner Flamme dünsten, bis die Kürbisstücke weich sind, aber noch nicht zerfallen.

5 Erdäpfel schälen und ebenso in Würfel schneiden. Mit dem Balsamico zum kalten Kürbis geben und gemeinsam mit dem Thymian würzig abschmecken.

6 Strudelteig wie beschrieben auf einem Strudeltuch ausziehen. Das erste Teigdrittel mit der Fülle belegen. Die restliche Teigfläche mit Öl beträufeln, damit der Teig gut blättern kann. Die Seitenränder einschlagen und Strudel mit dem Tuch einrollen.

7 Strudel mit der Teignaht nach unten auf ein mit Backpapier belegtes Backblech legen und mit Ei bestreichen.

8 Im vorgeheizten Backrohr bei 180 °C ca. 35 Minuten backen.

9 Dieser Beilagenstrudel ist eine Variation zu verschiedenen Braten oder auch gebratenem Geflügel.

Tipp: *Als Würzkraut anstelle des Salbei unbedingt einmal Rosmarin probieren!*

Süß gestrudelt

Polentastrudel mit Herbstfrüchten

250 g Mehl
1 EL Öl
1 EL Apfelessig
ca. 125 ml lauwarmes Wasser
Salz

Fülle
500 ml Milch
Salz
180 g Polenta
160 g Butter
5 Eidotter
140 g Kristallzucker
Schale von 1/2 Zitrone
1 Pkg Vanillezucker
250 g Topfen
5 Eiklar
400 g Äpfel
300 g Birnen
(auch Kürbis möglich)

50 g Butter
1 Ei zum Bestreichen

Kürbiskrokant
100 g Kristallzucker
100 g Kürbiskerne

Tipp: *Es müssen nicht immer Äpfel und Birnen sein: Alle Arten von Beeren passen sehr gut zu diesem süßen Strudel.*

1 Strudelteig laut Grundrezept (Seite 16) bereiten und mindestens 30 Minuten entspannen bzw. rasten lassen.

2 Milch mit Salz aufkochen und Polenta einrühren. Kurz aufkochen lassen und dann Herd ausschalten. Polenta noch 15 Minuten nachziehen lassen.

3 Butter mit Eidotter, Kristallzucker und den Geschmackszutaten flaumig rühren.

4 Topfen und ausgekühlte Polenta einrühren. Eiklar zu festem Eischnee aufschlagen und unterheben. Äpfel und Birnen oder auch Kürbis schälen und in ca. 2 cm große Stücke schneiden.

5 Strudelteig wie beschrieben auf einem Strudeltuch ausziehen. Das erste Teigdrittel mit der Füllmasse bestreichen. Obststücke darauf verteilen.

6 Die restliche Teigfläche mit zerlassener Butter beträufeln, damit der Teig gut blättern kann. Die Seitenränder einschlagen und Strudel mit dem Tuch einrollen.

7 Strudel mit der Teignaht nach unten auf ein mit Backpapier belegtes Backblech legen und mit Ei bestreichen.

8 Im vorgeheizten Backrohr bei 170 °C ca. 40 bis 45 Minuten backen.

9 Für den Kürbiskrokant Zucker zu Karamell schmelzen und Kürbiskerne einrühren. Gut durchmischen und auf ein Backtrennpapier gießen. Auskühlen lassen und grob hacken. Strudel mit Kürbiskrokant, Beerensauce (Seite 26) und Eierlikör servieren.

Topfen-Walnussstrudel mit Erdbeeren

250 g Mehl
1 EL Öl
1 EL Apfelessig
ca. 125 ml lauwarmes Wasser
Salz

Fülle
4 Semmeln vom Vortag
250 ml Milch zum Einweichen
250 ml Sauerrahm
100 g Walnüsse
500 g Erdbeeren
150 g Butter
150 g Staubzucker
Schale von 1/2 Zitrone
1 Pkg. Vanillezucker
1 Prise Salz
6 Eier
600 g passierter Topfen

50 g Butter
1 Ei zum Bestreichen
Frische Erdbeeren

Tipp: *Auch hier sind Beeren der Saison wieder ein heißer Tipp. Saure Früchte wie Johannisbeeren müssen vorher gezuckert werden.*

1 Strudelteig laut Grundrezept (Seite 16) bereiten und mindestens 30 Minuten entspannen bzw. rasten lassen.

2 Semmeln würfelig schneiden und mit Milch und Sauerrahm einweichen. Die Nüsse grob hacken. Die Erdbeeren entstielen und die großen Beeren halbieren.

3 Butter mit der Hälfte des Zuckers, Zitronenschale, Vanillezucker und Salz schaumig rühren. Eidotter und Eiklar trennen. Nach und nach Eidotter einrühren. Eingeweichte Semmelwürfel gemeinsam mit dem Topfen und den gehackten Walnüssen in den Abtrieb einrühren. Eiklar mit dem restlichen Zucker steif aufschlagen. Vorsichtig unter die Topfenmasse heben.

4 Strudelteig wie beschrieben auf einem Strudeltuch ausziehen.

5 Das erste Teigdrittel mit der Füllmasse bestreichen. Erdbeeren darauf verteilen.

6 Die restliche Teigfläche mit zerlassener Butter beträufeln, damit der Teig gut blättern kann. Die Seitenränder einschlagen und Strudel mit dem Tuch einrollen. Strudel mit der Teignaht nach unten auf ein mit Backpapier belegtes Backblech legen und mit Ei bestreichen.

7 Im vorgeheizten Backrohr bei 170 °C ca. 40 bis 45 Minuten backen.

8 Strudel lauwarm leicht überzuckert mit ein paar frischen Erdbeeren servieren.

Strudel mit Trockenfrüchten

250 g Mehl
1 EL Öl
1 EL Apfelessig
ca. 125 ml lauwarmes Wasser
Salz

Fülle
300 g gemischte Trockenfrüchte (Rosinen, Dörrpflaumen, Feigen)
150 g Walnüsse
1/16 l Rum
Saft von 2 Orangen
180 g Butter
30 g Staubzucker
Schale von 1/2 Zitrone
1 TL Zimt
4 Eier
60 g Honig

50 g Butter
1 Ei zum Bestreichen
Amaretto nach Belieben

1. Strudelteig laut Grundrezept (Seite 16) bereiten und mindestens 30 Minuten entspannen bzw. rasten lassen.
2. Für die Fülle die Trockenfrüchte klein schneiden. Mit den grob gehackten Walnüssen, dem Rum und dem Orangensaft vermischen und anziehen lassen.
3. Butter mit Staubzucker, Zitronenschale und Zimt schaumig schlagen. Eidotter nach und nach einrühren. Marinierte Früchte unter die Buttermasse rühren.
4. Eiklar mit Honig steif aufschlagen und locker unterheben.
5. Strudelteig wie beschrieben auf einem Strudeltuch ausziehen. Das erste Teigdrittel mit der Fülle bestreichen. Die restliche Teigfläche mit zerlassener Butter besteichen, damit der Teig gut blättern kann. Die Seitenränder einschlagen und Strudel mit dem Tuch einrollen. Strudel mit der Teignaht nach unten auf ein mit Backpapier belegtes Backblech legen und mit Ei bestreichen.
6. Im vorgeheizten Backrohr bei 170 °C ca. 40 bis 45 Minuten backen.
7. Leicht überzuckern und je nach Geschmack mit etwas Amaretto beträufeln.

Tipp: *Wer noch übrig gebliebene Trockenfrüchte aus der Weihnachtsbackstube hat, kann sie in diesem feinen Strudel verarbeiten.*

Saftiger Milchreisstrudel

250 g Mehl
1 EL Öl
1 EL Apfelessig
ca. 125 ml lauwarmes Wasser
Salz

Fülle
250 g Reis
500 ml Milch
1 Pkg. Vanillezucker
Salz
Schale einer Orange
3 Eier
100 g Zucker
80 g Butter
80 g Brösel

50 g Butter
1 Ei zum Bestreichen
Erdbeeren zum Anrichten

1 Strudelteig laut Grundrezept (Seite 16) bereiten und mindestens 30 Minuten entspannen bzw. rasten lassen.

2 Reis mit heißem Wasser abspülen und mit Milch, Vanillezucker, Salz und abgeriebener Orangenschale weichdünsten. Immer wieder umrühren und danach auskühlen lassen.

3 Eier trennen. Je mit der Hälfte des Zuckers die Eidotter und das Eiweiß getrennt aufschlagen. Beides locker unter die lauwarme Reismasse rühren. Butter zerlassen und mit den Bröseln verrühren.

4 Strudelteig wie beschrieben auf einem Strudeltuch ausziehen. Die Butterbrösel gleichmäßig auf das erste Teigdrittel streuen und mit der Fülle bestreichen.
Die restliche Teigfläche mit zerlassener Butter bestreichen, damit der Teig gut blättern kann. Die Seitenränder einschlagen und Strudel mit dem Tuch einrollen.
Strudel mit der Teignaht nach unten auf ein mit Backpapier belegtes Backblech legen und mit Ei bestreichen.

5 Im vorgeheizten Backrohr bei 170 °C ca. 40 bis 45 Minuten backen.

6 Strudel mit einer beliebigen Beerensauce (Seite 26) und/oder mit frischen marinierten Beeren anrichten.

Tipp: *Strudel mit weichen Füllen immer mit einem Strudeltuch auf das Backblech heben.*

Herbstlicher Zwetschkenstrudel

250 g Mehl
1 EL Öl
1 EL Apfelessig
ca. 125 ml lauwarmes Wasser
Salz

Fülle
2 kg Zwetschken
50 g Butter
200 g Brösel
100 g Zucker
1/2 TL Zimt

50 g Butter
1 Ei zum Bestreichen

1 Strudelteig laut Grundrezept (Seite 16) bereiten und mindestens 30 Minuten entspannen bzw. rasten lassen.

2 Die Zwetschken halbieren und entkernen. Butter zerlassen, Brösel und Zucker mit Zimt darin leicht anrösten. Zuckerbrösel überkühlen lassen.

3 Strudelteig wie beschrieben auf einem Strudeltuch ausziehen. Das erste Teigdrittel mit den vorbereiteten Zwetschken belegen. Die Zuckerbrösel darauf gleichmäßig verteilen. Die restliche Teigfläche mit zerlassener Butter bestreichen, damit der Teig gut blättern kann. Die Seitenränder einschlagen und Strudel mit dem Tuch einrollen.

4 Strudel mit der Teignaht nach unten auf ein mit Backpapier belegtes Backblech legen und mit Ei bestreichen.

5 Im vorgeheizten Backrohr bei 170 °C ca. 40 bis 45 Minuten backen.

Tipp: *Außer den Zwetschken schmecken in dieser Kombination auch Kirschen erstklassig.*

Hochzeitsstrudel

250 g Mehl
1 EL Öl
1 EL Apfelessig
ca. 125 ml lauwarmes Wasser
Salz

Fülle
3 Semmeln
250 ml Schlagobers
4 Eier
80 g Brösel
100 g Weinbeeren (Rosinen)
5 g Zimt
80 g Zucker

80 g Butter
1 Ei zum Bestreichen

1. Strudelteig laut Grundrezept (Seite 16) bereiten und mindestens 30 Minuten entspannen bzw. rasten lassen.
2. Semmeln in kleine Würfel schneiden und mit Schlagobers und Eiern gut verrühren.
3. Brösel einrühren und Semmelmasse 20 Minuten durchziehen lassen.
4. Strudelteig wie beschrieben auf einem Strudeltuch ausziehen. Den Teig mit zerlassener Butter bestreichen. Semmelmasse auf das erste Teigdrittel aufstreichen.
5. Mit Weinbeeren, Zimt und Zucker bestreuen. Die Seitenränder einschlagen und Strudel mit dem Tuch einrollen. Strudel mit der Teignaht nach unten auf ein mit Backpapier belegtes Backblech legen und mit Ei bestreichen.
6. Im vorgeheizten Backrohr bei 170 °C ca. 35 Minuten goldbraun backen.
7. Dieser Strudel ist ein altbekanntes Hochzeitsdessert aus den vergangenen Jahrhunderten.

Tipp: *Korinthen sind neben Weinbeeren eine tolle Zutat für diesen Strudel. Dieser wird noch saftiger, wenn die Weinbeeren oder Korinthen vorher mit etwas Rum angesetzt werden.*

Mürber Apfel-Nussstrudel

300 g Mehl
100 g Zucker
1 Prise Salz
200 g Butter
2 Eidotter
2 EL Wasser

Fülle
500 g säuerliche Äpfel
Saft von 1 Zitrone
150 g Walnüsse
100 g Rosinen
50 ml Rum
100 g Zucker
10 g Zimt

1. Mehl und Zucker mischen und Salz dazugeben. Kalte Butter mit einem Messer dazuschneiden und mit den trockenen Zutaten in einer Schüssel oder auf der Arbeitsfläche fein verbröseln. Eidotter und Wasser dazugeben und rasch zu einem Teig verkneten. Diesen verpacken und gut 30 Minuten kühl rasten lassen (siehe auch Seite 19).
2. Die Äpfel mit der Schale grob raspeln und mit dem Zitronensaft vermengen. Die Walnüsse grob hacken. Die Rosinen mit Rum vermengen und durchziehen lassen.
3. Teig zu einer Fläche von 30 mal 40 cm ausrollen. Auf das erste Teigdrittel der Längsseite die Äpfel verteilen. Nüsse und Rumrosinen daraufgeben. Abschließend mit Zucker und Zimt bestreuen. Strudel einrollen und Teigenden an den Längsseiten zudrücken. Vorsichtig mit der Teignaht nach unten auf ein mit Backpapier belegtes Backblech legen.
4. Im vorgeheizten Backrohr bei 160 °C 40 Minuten goldbraun backen.
5. Noch lauwarm mit Staubzucker übersieben und servieren.

Tipp: *Das Auszugsmehl kann immer durch Vollkorn- oder auch Dinkel-, Einkorn- und Emmermehl ersetzt werden.*

Süßer Grammelstrudel

200 g Grammeln
400 g Mehl
150 g Staubzucker
2 Eier
8–10 EL Schlagobers
Schale von 1/2 Zitrone
1 Msp. Zimt
1 Pkg. Weinsteinbackpulver
200 g Ribisel- oder Preiselbeermarmelade

1 Die Grammeln fein faschieren. Danach mit Mehl und Staubzucker verbröseln. Eier, Schlagobers, Zitronenschale, Zimt und Backpulver dazugeben und rasch zu einem glatten Teig verkneten. Teig in Frischhaltefolie wickeln und 30 Minuten kühl rasten lassen.

2 Teig zu einer Fläche von 30 mal 40 cm ausrollen. Die ganze Fläche mit der gewünschten Marmelade bis auf 3 cm am Ende der Längsseite bestreichen.

3 Dann sorgfältig einrollen und mit der Teignaht nach unten auf ein mit Backpapier belegtes Backblech legen.

4 Im vorgeheizten Backrohr bei 160 °C ca. 40 Minuten schön braun backen.

5 Mit Staubzucker bestreut servieren.

Tipp: *Grammeln sind ein sehr gutes Naturprodukt und sorgen als Fettstoff sowohl bei süßen als auch pikanten Mürbteigen für Abwechslung im Geschmack.*

Mohn-Topfenstrudel mit Marillen

250 g Mehl
1 EL Öl
1 EL Apfelessig
ca. 125 ml lauwarmes Wasser
Salz

Fülle 1
125 g Butter
2 Eidotter
60 g Kristallzucker
250 g Magertopfen
Schale von 1/2 Zitrone
2 Eiklar

Fülle 2
200 g Mohn, gemahlen
80 g Kristallzucker
250 ml Milch
20 ml Rum
Saft von 1 Zitrone
40 g Semmelbrösel
500 g Äpfel, Marillen, Pfirsiche ...

50 g Butter
1 Ei zum Bestreichen

1 Strudelteig laut Grundrezept (Seite 16) bereiten und mindestens 30 Minuten entspannen bzw. rasten lassen.

2 Für die Fülle 1 Butter, Eidotter und Zucker schaumig rühren. Den Topfen und die Zitronenschale dazugeben und unterrühren. Eiklar zu festem Schnee aufschlagen und unter die Masse heben.

3 Für die Fülle 2 den Mohn mit Zucker und Milch aufkochen und auskühlen lassen.

4 Rum, Zitronensaft und Brösel dazugeben und Fülle durchziehen lassen. Zuletzt die Früchte vorbereiten (entkernen und in gleich große Stücke schneiden).

5 Strudelteig wie beschrieben auf einem Strudeltuch ausziehen. Die ersten 15 cm je nach Farbe der Früchte zuerst 15 cm breit mit Topfen- oder Mohnfülle bestreichen. Sind es helle Früchte wie Äpfel, wird zuerst die Mohnfülle genommen. Sind es dunkle Früchte wie Zwetschken, wird zuerst die Topfenfülle verwendet. Zweite Fülle auf die nächsten 15 cm gleichmäßig aufstreichen. Zu Beginn der ersten Fülle die Früchte in einer Reihe auflegen.

6 Die restliche Teigfläche mit zerlassener Butter bestreichen, damit der Teig gut blättern kann. Die Seitenränder einschlagen und Strudel mit dem Tuch einrollen. Strudel mit der Teignaht nach unten auf ein mit Backpapier belegtes Backblech legen und mit Ei bestreichen.

7 Im vorgeheizten Backrohr bei 170 °C ca. 40 bis 45 Minuten backen.

Tipp: *Die Füllenauswahl ist groß: beispielsweise erweitern eine Nuss-, Dörrzwetschken- oder Marzipanfülle die Strudelbandbreite.*

Erntedankzopf

60 g Butter
250 ml Milch
Salz
60 g Zucker
2 Eidotter
20 g Germ
500 g Weizen- oder Dinkel(vollkorn)mehl

Fülle
300 g Walnüsse
150 ml Kaffee
100 g Kristallzucker
Schale von 1/2 Zitrone
20 ml Rum
20 g Vanillezucker
100 g Brösel
50 g Marillenmarmelade

1 Ei zum Bestreichen

Der Teig mit der süßen Nussfüllung wird eingerollt, eingeschnitten und die einzelnen Teile abwechselnd nach links und rechts gelegt.

1 Für den Germteig die Butter in einem Kochtopf zerlassen. Die Milch, Salz und Zucker dazugeben und gut verrühren, damit sich die Kristalle auflösen. Dann die Eidotter dazugeben und gleichmäßig verrühren. Schlussendlich die Germ einbröseln und ebenso auflösen.

2 Mehl in eine Schüssel geben und mit der vorbereiteten Flüssigkeit zu einem geschmeidigen Germteig kneten. Diesen zugedeckt bis zum doppelten Volumen aufgehen lassen (siehe auch Seite 20).

3 Für die Fülle die Nüsse fein reiben. Mit allen anderen Zutaten gut verrühren, damit eine homogene Masse entsteht.

4 Den aufgegangenen Teig auf der Arbeitsfläche mit Mehl zu einer Größe von 40 mal 45 cm ausrollen. Die Nussfülle aufstreichen und von der längeren Seite beginnend eng zu einer Rolle einrollen.

5 Diese auf ein mit Backpapier belegtes Backblech legen.

6 Mit einer Schere die Rolle in gleichmäßigen Abständen von ca. 5 cm tief schräg einschneiden. Danach die einzelnen Teile abwechselnd nach links und rechts legen.

7 Mit zerklopftem Ei gleichmäßig bestreichen.

8 Ährenzopf nochmals 10 Minuten aufgehen lassen und dann im vorgeheizten Backrohr bei 160 °C ca. 40 Minuten backen.

Tipp: *Der Kaffee eignet sich hier deshalb so gut, weil er die Nussfülle dunkler und geschmackvoller macht – also unbedingt probieren!*

Dörrpflaumenstrudel

30 g Germ
2 EL Zucker
500 g Mehl
250 g Butter
2 Eier
1 TL Salz
125 ml Milch

Fülle
80 g Zucker
125 ml Wasser
30 g Schokolade
50 g Nüsse
150 g Dörrzwetschken oder Pflaumen
1 EL Rum

1 Die Germ mit Zucker verrühren, bis diese flüssig ist. Dann aus allen Teigzutaten einen mittelfesten Teig kneten. Den kalten Germteig eine Stunde kühl rasten lassen (siehe auch Seite 19).

2 In der Zwischenzeit für die Fülle Zucker und Wasser kochen und bis zur kleinen Perle spinnen. Die kleine Perle beim Zuckerspinnen ist dann erreicht, wenn die Zuckermasse über den Löffelrücken rinnt und sich beim Abrinnen Tropfen bilden, die aussehen wie Perlen mit einem kurzen Faden.

3 Schokolade und Nüsse reiben. Zwetschken mit Wasser bedeckt einweichen, kurz aufkochen und ausgekühlt faschieren. Alle Zutaten mit dem gesponnenen Zucker gut vermischen.

4 Teig halbieren, zu einem Rechteck in der Größe 40 mal 45 cm messerrückendick ausrollen und mit der Hälfte der Fülle gleichmäßig bestreichen. Von beiden Seiten bis zur Mitte einrollen. Mit der zweiten Hälfte ebenso einen Strudel einrollen.

5 Auf ein mit Backpapier belegtes Backblech legen und 15 Minuten rasten lassen. Vor dem Backen mit einer Teignadel mehrmals bis zum Boden einstechen.

6 Im vorgeheizten Backrohr bei 180 °C ca. 30 Minuten backen.

Tipps: *Dieser Strudel ist verpackt einige Tage haltbar. Er kann auch mit Schokoladenglasur überzogen werden, was den Strudel geschmacklich nochmals aufwertet.*

PATI

Kakao-Topfenstrudel

60 g Butter
250 ml Milch
Salz
60 g Zucker
2 Eidotter
20 g Germ
500 g Weizen- oder Dinkel(vollkorn)mehl

Fülle
500 g Magertopfen
100 g Honig
30 g Kakaopulver
3 Eier
5 g Zimt
20 g Vanillezucker
30 g Maisstärke

Der Strudel wird angestochen, damit er beim Backen nicht aufreißt.

1 Für den Germteig die Butter in einem Kochtopf zerlassen. Milch, Salz und Zucker dazugeben und gut verrühren, damit sich die Kristalle auflösen. Dann die Eidotter dazugeben und gleichmäßig verrühren. Schlussendlich die Germ einbröseln und ebenso auflösen.

2 Mehl in eine Schüssel geben und mit der vorbereiteten Flüssigkeit zu einem geschmeidigen Germteig kneten. Diesen zugedeckt bis zum doppelten Volumen aufgehen lassen (siehe auch Seite 20).

3 Für die Fülle alle Zutaten gut verrühren, sodass eine homogene Masse entsteht.

4 Den aufgegangenen Germteig rechteckig in der Größe von 60 mal 50 cm ausrollen und mit der Fülle bestreichen. Eng einrollen und in eine mit Butter befettete runde Tonform als Schnecke einlegen.

5 20 Minuten aufgehen lassen und dann im vorgeheizten Backrohr bei 160 °C ca. 50 Minuten backen.

6 Lauwarm mit Zucker übersiebt servieren.

Tipp: *Wer Schokolade liebt, kann diese in flüssiger Form unterrühren und auf den Kakao verzichten.*

Heidelbeer-Biskuitstrudel

250 g Mehl
1 EL Öl
1 EL Apfelessig
ca. 125 ml lauwarmes Wasser
Salz

Fülle
3 Eier
120 g Zucker
20 g Vanillezucker
Schale von 1/2 Zitrone
120 g Mehl
400 g Heidelbeeren

50 g Butter
1 Ei zum Bestreichen

1 Strudelteig laut Grundrezept (Seite 16) bereiten und mindestens 30 Minuten entspannen bzw. rasten lassen.

2 Die Eier mit dem Zucker, Vanillezucker und der Zitronenschale dickschaumig aufschlagen. Das Mehl in die Schaummasse sieben und mit einem Schneebesen leicht unterheben.

3 Strudelteig wie beschrieben auf einem Strudeltuch ausziehen. Das Biskuit auf dem ersten Teigdrittel aufstreichen. Die Heidelbeeren darauf gleichmäßig verteilen.

4 Die restliche Teigfläche mit zerlassener Butter bestreichen, damit der Teig gut blättern kann. Die Seitenränder einschlagen und Strudel mit dem Tuch einrollen.

5 Strudel mit der Teignaht nach unten auf ein mit Backpapier belegtes Backblech legen und mit Ei bestreichen.

6 Im vorgeheizten Backrohr bei 170 °C ca. 35 Minuten goldbraun backen.

7 Mit Staubzucker übersiebt servieren.

Tipp: *Anstelle der Biskuitmasse kann auch eine Topfenfülle verwendet werden. Diese bindet den Beerensaft ebenso gut und macht den Strudel noch saftiger.*

Apfelstrudel mit Frischkäse und Mandelblättchen

250 g Mehl
1 EL Öl
1 EL Apfelessig
ca. 125 ml lauwarmes Wasser
Salz

Fülle
3 Eier
150 g Zucker
20 g Vanillezucker
Schale von 1/2 Zitrone
250 g Frischkäse natur
40 g Maisstärke
6 Äpfel
5 g Zimt

50 g Butter
1 Ei zum Bestreichen
50 g Mandelblättchen
zum Bestreuen

1 Strudelteig laut Grundrezept (Seite 16) bereiten und mindestens 30 Minuten entspannen bzw. rasten lassen.

2 Die Eier mit Zucker, Vanillezucker und Zitronenschale dickschaumig aufschlagen.

3 Den Frischkäse und die Maisstärke dazugeben und leicht unterrühren. Die Äpfel schälen und blättrig schneiden oder schaben.

4 Strudelteig wie beschrieben auf einem Strudeltuch ausziehen. Auf dem ersten Teigdrittel die Frischkäsefülle aufstreichen. Die Äpfel darauf gleichmäßig verteilen und mit Zimt bestreuen.

5 Die restliche Teigfläche mit zerlassener Butter bestreichen, damit der Teig gut blättern kann. Die Seitenränder einschlagen und Strudel mit dem Tuch einrollen. Strudel mit der Teignaht nach unten auf ein mit Backpapier belegtes Backblech legen. Mit Ei bestreichen und mit Mandelblättchen bestreuen.

6 Im vorgeheizten Backrohr bei 170 °C ca. 35 bis 40 Minuten goldbraun backen.

7 Mit Staubzucker übersieben und servieren.

Tipp: *Der schwierige Vergleich zwischen Äpfeln und Birnen stellt sich hier nicht: beides schmeckt köstlich. Die Äpfel können aber auch durch Kürbisse ersetzt werden.*

Himbeer-Topfenstrudel

250 g Mehl
1 EL Öl
1 EL Apfelessig
ca. 125 ml lauwarmes Wasser
Salz

Fülle
4 Eier
150 g Zucker
Saft und Schale von 1 Zitrone
20 g Vanillezucker
5 g Kurkuma
50 g Maisstärke
500 g Magertopfen
400 g Himbeeren

50 g Butter
1 Ei zum Bestreichen

Die Zubereitung eines herrlich süßen Strudels: vom Ausziehen des Teiges bis zum Einrollen.

1 Strudelteig laut Grundrezept (Seite 16) bereiten und mindestens 30 Minuten entspannen bzw. rasten lassen.

2 Die Eier trennen und Eidotter mit Zucker, Zitronensaft und -schale sowie Vanillezucker und Kurkuma schaumig aufschlagen. Eiklar zu steifem Schnee schlagen und mit der Maisstärke und dem Topfen unter die Eidottermasse heben.

3 Strudelteig wie beschrieben auf einem Strudeltuch ausziehen. Auf dem ersten Teigdrittel die Topfenfülle aufstreichen. Die Himbeeren darauf gleichmäßig verteilen.

4 Die restliche Teigfläche mit zerlassener Butter bestreichen, damit der Teig gut blättern kann.

5 Die Seitenränder einschlagen und Strudel mit dem Tuch einrollen. Strudel mit der Teignaht nach unten auf ein mit Backpapier belegtes Backblech legen und mit Ei bestreichen.

6 Im vorgeheizten Backrohr bei 170 °C ca. 35 bis 40 Minuten goldbraun backen.

7 Diesen Strudel lauwarm servieren.

Tipp: *Tiefgekühlte Beeren nie vorher auftauen, da der Fruchtsaft sonst zu sehr ausrinnt.*

Weintraubenstrudel

250 g Mehl
1 EL Öl
1 EL Apfelessig
ca. 125 ml lauwarmes Wasser
Salz

Fülle
300 g weiße Trauben
300 g rote Trauben
80 g Butter
100 g Biskuitbrösel
100 g Zucker
5 g Zimt
Schale von 1/2 Zitrone

50 g Butter
1 Ei zum Bestreichen

1 Strudelteig laut Grundrezept (Seite 16) bereiten und mindestens 30 Minuten entspannen bzw. rasten lassen.

2 Für die Fülle die Trauben abzupfen, mit Wasser überspülen und gut abtropfen lassen. Die Butter in einer Pfanne erhitzen. Brösel, Zucker, Zimt und Zitronenschale dazugeben, umrühren, vom Herd nehmen und auskühlen lassen.

3 Strudelteig wie beschrieben auf einem Strudeltuch ausziehen. Auf dem ersten Teigdrittel die Trauben verteilen. Die vorbereiteten Butterbrösel gleichmäßig darüberstreuen. Die restliche Teigfläche mit zerlassener Butter bestreichen, damit der Teig gut blättern kann.

4 Die Seitenränder einschlagen und Strudel mit dem Tuch einrollen. Strudel mit der Teignaht nach unten auf ein mit Backpapier belegtes Backblech legen und mit Ei bestreichen.

5 Im vorgeheizten Backrohr bei 170 °C ca. 35 bis 40 Minuten goldbraun backen.

Tipps: *Statt der Biskuitbrösel eignen sich natürlich auch Semmelbrösel für diese süße Versuchung. Da die Trauben sehr saftig sind, könnte aber anstelle der Butterbrösel auch ein Biskuit aus 3 Eiern als „Bindemittel" dienen.*

Mohnstrudel aus mürbem Germteig

20 g Germ
3 EL Milch
250 g glattes Mehl
100 g Butter
2 Eidotter
1 Prise Salz
20 g Staubzucker
1/2 Pkg. Vanillezucker

Fülle
150 ml Milch
300 g gemahlener Mohn
100 g Zucker
Schale von 1/2 Zitrone
2 Prisen Kardamom
100 g Zwetschkenmarmelade oder Powidl

Ei zum Bestreichen

1 Germ in lauwarmer Milch auflösen und mit etwas Mehl zu einem Vorteig anrühren. Danach aus allen Teigzutaten einen glatten Teig kneten. Diesen eine halbe Stunde kalt rasten bzw. aufgehen lassen (siehe auch Seite 19).

2 Für die Fülle die Milch aufkochen. Den gemahlenen Mohn, Zucker, Zitronenschale und Kardamom einrühren. Vom Herd nehmen und auskühlen lassen. Zum Schluss noch die Zwetschkenmarmelade einrühren, damit eine schöne streichfähige Masse entsteht.

3 Den Teig auf dem bemehlten Strudeltuch zu einem Rechteck in der Größe 45 mal 45 cm ausrollen. Mit der Fülle gleichmäßig bestreichen. Strudel mit dem Tuch eng einrollen. Mit Ei bestreichen und nochmals 15 Minuten aufgehen lassen.

4 Danach mit einer Gabel in regelmäßigen Abständen tief einstechen. Bei 180 °C 35 bis 40 Minuten goldbraun backen. Ausgekühlt in schöne Stücke geschnitten servieren.

Tipps: *Dieser Strudel ist verpackt einige Tage sehr gut haltbar. Wer lieber Nüsse als Mohn mag oder einfach Abwechslung braucht, kann sich gerne einer Nussfülle bedienen.*

Marmelade-Strudelrosen

60 g Butter
250 ml Milch
Salz
60 g Zucker
2 Eidotter
20 g Germ
500 g Mehl

300 g Marmelade nach Wunsch

1 Für den Germteig die Butter in einem Kochtopf zerlassen. Die Milch, Salz und Zucker dazugeben und gut verrühren, damit sich die Kristalle auflösen. Dann die Eidotter dazugeben und gleichmäßig verrühren. Schlussendlich die Germ einbröseln und ebenso auflösen.

2 Mehl in eine Schüssel geben und mit der vorbereiteten Flüssigkeit zu einem geschmeidigen Germteig kneten. Diesen zugedeckt bis zum doppelten Volumen aufgehen lassen (siehe auch Seite 20).

3 Teig danach zu einem Rechteck in der Größe von 50 mal 50 cm ausrollen. Die ganze Fläche gleichmäßig mit Marmelade bestreichen. Eng zu einem Strudel einrollen.

4 Mit einem scharfen Messer in 15 gleich große Stücke schneiden.

5 Eine Tortenform mit Butter ausfetten. Die Strudelrosen von der Mitte beginnend mit der Schnittfläche nach oben in die Form setzen. Strudelrosen nochmals 15 Minuten aufgehen lassen und dann im vorgeheizten Backrohr bei 160 °C 35 bis 40 Minuten goldbraun backen. Im Ganzen zu Tisch bringen und Rosen dann herunterbrechen.

Tipp: *Anstelle der Marmelade kann auch jede andere süße Fülle verwendet werden. Sehr empfehlenswert ist es, Marzipan dazuzugeben.*

Birnen-Nussstrudel

250 g Mehl
1 EL Öl
1 EL Apfelessig
ca. 125 ml lauwarmes Wasser
Salz

Fülle
150 g Walnüsse
150 g Zucker
1 Pkg. Vanillezucker
250 g Frischkäse natur
1 kg Birnen

50 g Butter
1 Ei zum Bestreichen

1 Strudelteig laut Grundrezept (Seite 16) bereiten und mindestens 30 Minuten entspannen bzw. rasten lassen.

2 Die Walnüsse fein reiben und mit Zucker, Vanillezucker und Frischkäse verrühren.

3 Die Birnen schälen, vierteln, entkernen und in größere Stücke schneiden.

4 Strudelteig wie beschrieben auf einem Strudeltuch ausziehen. Auf dem ersten Teigdrittel die Nussfülle aufstreichen. Die Birnenstücke darauf gleichmäßig verteilen.

5 Die restliche Teigfläche mit zerlassener Butter bestreichen, damit der Teig gut blättern kann.

6 Die Seitenränder einschlagen und Strudel mit dem Tuch einrollen. Strudel mit der Teignaht nach unten auf ein mit Backpapier belegtes Backblech legen und mit Ei bestreichen.

7 Im vorgeheizten Backrohr bei 170 °C ca. 35 bis 40 Minuten goldbraun backen.

8 Mit Staubzucker leicht übersieben und genießen.

Tipp: *Birne harmoniert fantastisch mit Mohn. Darum können die Nüsse sehr gut durch Mohn ersetzt werden.*

Bunter Beerenstrudel

250 g Mehl
1 EL Öl
1 EL Apfelessig
ca. 125 ml lauwarmes Wasser
Salz

Fülle
500 g Beeren
(Himbeeren, Heidelbeeren, Johannisbeeren rot und schwarz, Erdbeeren), gemischt oder sortenrein
3 Eier
120 g Zucker
Saft und Schale von 1 Zitrone
1 kleine Prise Anis, gemahlen
120 g Mehl

50 g Butter
1 Ei zum Bestreichen

1 Strudelteig laut Grundrezept (Seite 16) bereiten und mindestens 30 Minuten entspannen bzw. rasten lassen.

2 Die Beeren küchenfertig vorbereiten, also entstielen, abrebeln, etc. Die Eier mit dem Zucker, Zitronensaft und -schale und dem Anis dickschaumig aufschlagen, bis diese Masse hellgelb ist. Das Mehl hineinsieben und leicht unterheben.

3 Strudelteig wie beschrieben auf einem Strudeltuch ausziehen. Auf dem ersten Teigdrittel die Biskuitmasse aufstreichen. Die vorbereiteten Beeren darauf gleichmäßig verteilen. Die restliche Teigfläche mit zerlassener Butter bestreichen, damit der Teig gut blättern kann.

4 Die Seitenränder einschlagen und Strudel mit dem Tuch einrollen. Strudel mit der Teignaht nach unten auf ein mit Backpapier belegtes Backblech legen und mit Ei bestreichen.

5 Im vorgeheizten Backrohr bei 170 °C ca. 35 bis 40 Minuten goldbraun backen.

6 Fein überzuckern und mit frischen Beeren servieren.

Tipp: *Zu diesem bunten, sommerlichen Strudel ist eine Kugel Vanilleeis der pure Genuss.*

Schokolade-Pfirsichstrudel

250 g Mehl
1 EL Öl
1 EL Apfelessig
ca. 125 ml lauwarmes Wasser
Salz

Fülle
500 g Pfirsiche oder Nektarinen
3 Eier
80 g Butter
100 g Zucker
Schale und Saft von 1/2 Zitrone
150 g Kochschokolade
500 g Magertopfen
50 g Maisstärke

50 g Butter
1 Ei zum Bestreichen

Tipp: *Marillen oder auch die Zugabe von 100 g Marzipan variieren und verfeinern den Geschmack.*

1 Strudelteig laut Grundrezept (Seite 16) bereiten und mindestens 30 Minuten entspannen bzw. rasten lassen.

2 Die Pfirsiche halbieren, entkernen und in Spalten schneiden. Die Eier trennen und Eidotter mit Butter, Zucker und Saft und Schale der Zitrone schön schaumig aufschlagen.

3 Die Kochschokolade in einem tiefen Teller mit kochendem Wasser übergießen. Nicht umrühren, damit sich die Schokolade nicht auflöst. Einige Minuten warten, bis diese weich geworden ist. Danach Wasser abgießen und die weiche Schokolade in die Eidottermasse einrühren.

4 Topfen und Maisstärke dazugeben und unterrühren. Eiklar zuerst 3 Minuten langsam und dann schnell zu festem Eischnee aufschlagen. Eischnee unter die Topfenmasse haben.

5 Strudelteig wie beschrieben auf einem Strudeltuch aus-ziehen. Auf dem ersten Teigdrittel die Topfenmasse aufstreichen. Die vorbereiteten Pfirsichspalten darauf gleichmäßig verteilen. Die restliche Teigfläche mit zerlassener Butter bestreichen, damit der Teig gut blättern kann.

6 Die Seitenränder einschlagen und Strudel mit dem Tuch einrollen.

7 Strudel mit der Teignaht nach unten auf ein mit Backpapier belegtes Backblech legen und mit Ei bestreichen.

8 Im vorgeheizten Backrohr bei 170 °C ca. 35 bis 40 Minuten goldbraun backen.

9 Diesen saftigen Strudel leicht überzuckern und mit zerlassener Kochschokolade linienartig garniert servieren.

Topfenstrudel mit Erdbeerragout

250 g Mehl
1 EL Öl
1 EL Apfelessig
ca. 125 ml lauwarmes Wasser
Salz

Fülle
4 Eier
150 g Zucker
Saft und Schale von 1 Limette
Mark von 1 Vanilleschote
500 g Magertopfen
100 ml Sauerrahm
50 g Maisstärke

Erdbeerragout
400 g Erdbeeren
Saft einer Limette
5 g Maistärke
50 ml Wasser

50 g Butter
1 Ei zum Bestreichen

1. Strudelteig laut Grundrezept (Seite 16) bereiten und mindestens 30 Minuten entspannen bzw. rasten lassen.
2. Die Eier trennen und Eidotter mit Zucker, Limettensaft und -schale sowie dem Mark der Vanilleschote schaumig aufschlagen. Topfen und Sauerrahm unterrühren.
3. Eiklar zu steifem Schnee schlagen und mit der Maisstärke unter die Eidottermasse heben.
4. Strudelteig wie beschrieben auf einem Strudeltuch ausziehen. Auf dem ersten Teigdrittel die Topfenfülle aufstreichen. Die restliche Teigfläche mit zerlassener Butter bestreichen, damit der Teig gut blättern kann. Die Seitenränder einschlagen und Strudel mit dem Tuch einrollen.
5. Strudel mit der Teignaht nach unten auf ein mit Backpapier belegtes Backblech legen und mit Ei bestreichen. Im vorgeheizten Backrohr bei 170 °C ca. 35 bis 40 Minuten goldbraun backen.
6. Für das Erdbeerragout die Erdbeeren entstielen und in ca. 1 cm große Würfel schneiden. Mit dem Limettensaft aufkochen. Maistärke im Wasser verrühren und Erdbeeren damit ganz leicht sämig eindicken.
7. Diesen Strudel lauwarm anrichten und mit Erdbeerragout servieren.

Tipp: *Da Erdbeeren und Rhabarber in dieselbe Reifezeit fallen, können die Erdbeeren zur Hälfte durch Rhabarber ersetzt werden. Dieses Ragout ist ein wenig säuerlicher und gibt dem Strudel einen besonderen Geschmack.*

Nektarinen-Frischkäsestrudel

250 g Mehl
1 EL Öl
1 EL Apfelessig
ca. 125 ml lauwarmes Wasser
Salz

Fülle
1 kg Nektarinen
3 Eier
80 g Butter
100 g Honig
20 g Vanillezucker
Schale und Saft von 1/2 Zitrone
300 g Frischkäse natur
30 g Maisstärke
10 g Kurkuma

50 g Butter
1 Ei zum Bestreichen
Amaretto nach Belieben

1. Strudelteig laut Grundrezept (Seite 16) bereiten und mindestens 30 Minuten entspannen bzw. rasten lassen.
2. Die Nektarinen halbieren und entkernen. Die Eier trennen und Eidotter mit Butter, Honig, Vanillezucker und Saft und Schale der Zitrone schön schaumig aufschlagen.
3. Frischkäse, Maisstärke und Kurkuma einrühren. Eiklar zuerst 3 Minuten langsam und dann schnell zu festem Eischnee aufschlagen. Eischnee unter die Frischkäsemasse heben.
4. Strudelteig wie beschrieben auf einem Strudeltuch ausziehen. Auf dem ersten Teigdrittel die Frischkäsemasse aufstreichen. Die vorbereiteten Nektarinenhälften am Beginn der Fülle in einer Reihe auflegen. Die restliche Teigfläche mit zerlassener Butter bestreichen, damit der Teig gut blättern kann.
5. Die Seitenränder einschlagen und Strudel mit dem Tuch einrollen. Strudel mit der Teignaht nach unten auf ein mit Backpapier belegtes Backblech legen und mit Ei bestreichen.
6. Im vorgeheizten Backrohr bei 170 °C ca. 35 bis 40 Minuten goldbraun backen.
7. Den Strudel mit frischen Nektarinenspalten (auch mit Amaretto mariniert) servieren.

Tipp: *Kurkuma sollte unbedingt den Weg in die Strudelfülle finden. Es ergibt sich eine sehr schöne gelbe Farbe und das Gewürz ist zudem sehr gesund.*

Käferbohnen-Kirschenstrudel

250 g Mehl
1 EL Öl
1 EL Apfelessig
ca. 125 ml lauwarmes Wasser
Salz

Fülle
3 Eier
100 g Butter
150 g Zucker
20 g Vanillezucker
Saft von 1 Zitrone
500 g Magertopfen
1 Prise Kardamom
50 g Maisstärke
400 g gekochte Käferbohnen
500 g entkernte Kirschen

50 g Butter
1 Ei zum Bestreichen

1. Strudelteig laut Grundrezept (Seite 16) bereiten und mindestens 30 Minuten entspannen bzw. rasten lassen.
2. Die Eier trennen und Eidotter mit Butter, Zucker, Vanillezucker und Saft der Zitrone schön schaumig aufschlagen. Topfen, Kardamom und Maisstärke einrühren. Eiklar zuerst 3 Minuten langsam und dann schnell zu festem Eischnee aufschlagen.
3. Eischnee unter die Topfenmasse heben.
4. Strudelteig wie beschrieben auf einem Strudeltuch ausziehen. Auf dem ersten Teigdrittel die Topfenmasse aufstreichen. Die Kirschen und Käferbohnen darauf verteilen. Die restliche Teigfläche mit zerlassener Butter bestreichen, damit der Teig gut blättern kann.
5. Die Seitenränder einschlagen und Strudel mit dem Tuch einrollen. Strudel mit der Teignaht nach unten auf ein mit Backpapier belegtes Backblech legen und mit Ei bestreichen.
6. Im vorgeheizten Backrohr bei 170 °C ca. 35 bis 40 Minuten goldbraun backen.
7. Diesen Strudel fein überzuckern und servieren.

Tipp: *Ein Weinsabayon (Seite 27) rundet das Ganze geschmacklich ab.*

Weintrauben-Rote Rüben-Strudel

250 g Mehl
1 EL Öl
1 EL Apfelessig
ca. 125 ml lauwarmes Wasser
Salz

Fülle
250 g gekochte Rote Rüben
400 g Weintrauben
3 Eier
100 g Butter
150 g brauner Zucker
20 g Vanillezucker
250 g Magertopfen
200 g Frischkäse natur
50 g Maisstärke

50 g Butter
1 Ei zum Bestreichen

1 Strudelteig laut Grundrezept (Seite 16) bereiten und mindestens 30 Minuten entspannen bzw. rasten lassen.

2 Die Roten Rüben schälen, blättrig oder in kleine Würfel schneiden und gut abtropfen lassen. Die Weintrauben abrebeln.

3 Die Eier trennen und Eidotter mit Butter, Braunzucker und Vanillezucker schaumig aufschlagen. Topfen, Frischkäse und Maisstärke einrühren. Eiklar zuerst 3 Minuten langsam und dann schnell zu festem Eischnee aufschlagen. Eischnee unter die Topfenmasse heben.

4 Strudelteig wie beschrieben auf einem Strudeltuch ausziehen. Auf dem ersten Teigdrittel die Topfen-Frischkäsemasse aufstreichen. Die Weintrauben und die Roten Rüben darauf gleichmäßig verteilen. Die restliche Teigfläche mit zerlassener Butter bestreichen, damit der Teig gut blättern kann.

5 Die Seitenränder einschlagen und Strudel mit dem Tuch einrollen. Strudel mit der Teignaht nach unten auf ein mit Backpapier belegtes Backblech legen und mit Ei bestreichen.

6 Im vorgeheizten Backrohr bei 170 °C ca. 35 bis 40 Minuten goldbraun backen.

7 Diesen interessanten Strudel leicht überzuckern und servieren.

Tipp: *Dieser wunderbare, herbstliche Strudel schmeckt lauwarm am besten.*

Strudel-Nudel

250 g Mehl
1 Ei
20 ml Essig
Salz
20 g Öl oder Schweineschmalz
125 ml lauwarmes Wasser oder Milch
50 g Butterschmalz
150 g Rosinen

50 g Butterschmalz
Staubzucker zum Übersieben

1 Mehl, Ei, Essig, Salz, Öl und Milch oder Wasser in eine Schüssel geben und daraus einen festeren Strudelteig bereiten. Diesen mit Öl bepinseln und abgedeckt rasten lassen.

2 Wasser in einem Kochtopf zum Kochen bringen und salzen. Strudelteig wie beschrieben auf einem Strudeltuch ausziehen. Mit zerlassenem Butterschmalz beträufeln und mit den Rosinen gleichmäßig bestreuen.

3 Strudel einrollen und in ca. 15 cm lange Stücke schneiden. Die Enden der Strudelrollen mit den Händen zusammendrücken. In Salzwasser leicht wallend 20 Minuten kochen. Dann herausnehmen und in ca. 1 cm breite Nudeln schneiden.

4 Butterschmalz in einer Pfanne erhitzen und die Nudeln darin kurz rösten. Überzuckert als warme Hauptspeise servieren oder zum Kaffee genießen.

Tipp: *Bleiben Strudel-Nudeln übrig, so können sie geröstet und zwei Eier hinzugegeben werden. Das ist eine besonders traditionelle Speise, die meine Mutter freitags sehr oft für uns gekocht hat. Wir haben dies immer geliebt!*

Kleine Strudelgerichte aus Restteig

Gebackene Pilze

150 g Strudelteig (Rest von einem anderen Strudel) oder frischen Strudelteig bereiten:
150 g Mehl
1 Prise Salz
1 EL Essig
1 TL Öl
60 ml Wasser

Fülle
2 Semmeln
125 ml Milch
1 Ei
80 g Zwiebeln
2 Knoblauchzehen
20 g Öl
1/2 Bund Petersilie
50 g Faschiertes
200 g faschierte Rindsleber
Salz
Pfeffer
1 TL Majoran
evtl. 30 g Brösel

750 ml Öl zum Ausbacken

1 Strudelteig laut Grundrezept (Seite 16) bereiten und mindestens 30 Minuten entspannen bzw. rasten lassen. Oder, wenn vorhanden, einen Strudelteigrest verwenden.

2 Für die „Pilze" die Semmeln kleinwürfelig schneiden. Milch mit Ei verquirlen und über die Semmelwürfel gießen. Zwiebeln und Knoblauchzehen schälen und kleinwürfelig schneiden.

3 Öl in einer Pfanne erhitzen und Zwiebeln mit Knoblauch darin goldgelb anrösten.

4 Die Petersilie fein hacken. Alles mit faschiertem Fleisch, faschierter Leber und mit den Gewürzen vermengen und gut abschmecken. Aus dieser Lebermasse Kugeln in der Größe von 3 cm Durchmesser formen und auf etwas Mehl legen.

5 Den Strudelteig nicht zu dünn ausrollen und in 2 cm breite Streifen schneiden. Diese ca. 10 cm lang abschneiden und einrollen. Dann als Stiele in die Leberkugeln stecken.

6 Das Öl erhitzen und die „Pilze" darin bei mäßiger Hitze ausbacken.

7 Auf Küchenkrepp abtropfen lassen und dann mit klarer Rindsuppe servieren.

Tipp: *Ist die Lebermasse zu weich, dann etwas Brösel zufügen.*

Knusprige Fleischpackerl

150 g Strudelteig
(Rest von einem anderen Strudel) oder frischen Strudelteig bereiten:
150 g Mehl
1 Prise Salz
1 EL Essig
1 TL Öl
60 ml Wasser

Fülle
3 Frühlingszwiebeln
1/2 orange Paprika
300 g Faschiertes
1 Ei
Kräutersalz
weißer Pfeffer
10 g Senf

1 Ei zum Bestreichen

1. Strudelteig laut Grundrezept (Seite 16) bereiten und mindestens 30 Minuten entspannen bzw. rasten lassen. Oder, wenn vorhanden, einen Strudelteigrest verwenden.
2. Die Frühlingszwiebeln in feine Ringe schneiden. Die Paprika waschen, entkernen und in kleine Würfel schneiden. Beides mit dem Faschierten, Ei, den Gewürzen sowie Senf gut vermengen und würzig abschmecken.
3. Strudelteig wie beschrieben auf einem Strudeltuch ausziehen. Mit einem Teigrad in Quadrate der Größe 15 mal 15 cm schneiden. Die Fülle jeweils am unteren Ende der Teigstücke 10 cm lang auftragen. Von der Seite mit der Fülle die Packerl sorgfältig einrollen und die Enden wie zu Bonbons drehen.
4. Auf ein mit Backpapier belegtes Backblech legen und mit Ei bestreichen. Im vorgeheizten Backrohr bei 170 °C 15 bis 20 Minuten zu schöner goldgelber Farbe backen. Mit frischem Gemüse oder mit einem kalten Kräuterdip servieren.

Tipp: *Einfach eine Weißkraut-Speckfülle verwenden und schon hat man ein neues, schmackhaftes Gericht.*

Strudelsackerl mit Pilzen

150 g Strudelteig (Rest von einem anderen Strudel) oder frischen Strudelteig bereiten:
150 g Mehl
1 Prise Salz
1 EL Essig
1 TL Öl
60 ml Wasser

Fülle
100 g Zwiebeln
150 g Pilze (Eierschwammerl, Steinpilze, Champignons …)
20 g Butter
125 ml Sauerrahm
1 Ei
20 g Maisstärke
Salz
Pfeffer

1 Ei zum Bestreichen

1 Strudelteig laut Grundrezept (Seite 16) bereiten und mindestens 30 Minuten entspannen bzw. rasten lassen. Oder, wenn vorhanden, einen Strudelteigrest verwenden.

2 Zwiebeln schälen und feinwürfelig schneiden. Die Pilze säubern und je nach Art blättrig schneiden und teilen.

3 Butter in einer Pfanne erhitzen und Zwiebeln darin goldgelb anschwitzen. Danach die vorbereiteten Pilze dazugeben und mitrösten, bis die austretende Flüssigkeit verdampft ist. Sauerrahm, Ei, Maisstärke und Gewürze gut verrühren und mit den ausgekühlten Pilzen vermengen. Fülle würzig abschmecken.

4 Strudelteig wie beschrieben auf einem Strudeltuch ausziehen. Mit einem Teigrad in Quadrate der Größe 15 mal 15 cm schneiden. Die Fülle jeweils in die Mitte der Quadrate geben. Teigstücke von den Ecken her zusammennehmen und daraus kleine Packerl formen.

5 Diese auf ein mit Backpapier belegtes Backblech legen und mit Ei bestreichen. Im vorgeheizten Backrohr bei 170 °C 15 bis 20 Minuten zu schöner goldgelber Farbe backen. Mit herzhaftem Blattsalat servieren oder einfach als Snack essen.

Tipp: *Damit die Fülle besser hält, können zwei Teigblätter schräg übereinandergelegt werden.*

Strudelcracker mit Nüssen

150 g Strudelteig
(Rest von einem anderen Strudel) oder frischen Strudelteig bereiten:
150 g Mehl
1 Prise Salz
1 EL Essig
1 TL Öl
60 ml Wasser

Belag
100 g Walnüsse
50 g Butter
60 g Zucker
5 g Zimt

1 Strudelteig laut Grundrezept (Seite 16) bereiten und mindestens 30 Minuten entspannen bzw. rasten lassen. Oder, wenn vorhanden, einen Strudelteigrest verwenden.

2 Die Nüsse fein hacken und die Butter zerlassen. Nüsse, Zucker und Zimt verrühren.

3 Strudelteig wie beschrieben auf einem Strudeltuch ausziehen. Danach backblechgroße Stücke schneiden und diese auf ein mit Backpapier belegtes Backblech legen. Mit zerlassener Butter bestreichen und mit der Nussmischung gleichmäßig bestreuen.

4 Bei 160 °C ca. 10 bis 15 Minuten backen, bis die Oberfläche schön braun ist.

5 Aus dem Ofen nehmen, in Stücke brechen und genießen.

Tipp: *Für eine pikante Variante Käse und Kümmel und nach Belieben Gewürzkräuter verwenden.*

Strudeltulpen mit Fruchtsalat

150 g Strudelteig (Rest von einem anderen Strudel) oder frischen Strudelteig bereiten:
150 g Mehl
1 Prise Salz
1 EL Essig
1 TL Öl
60 ml Wasser

Fülle
400 g Früchte der Saison (Beeren, Steinobst …)
30 g Honig
40 ml Likör (Amaretto, Cointreau, Rum …)

1 mittelgroßer Erdapfel
750 ml Öl zum Ausbacken

Die Bilder zeigen die Zubereitung der Strudeltulpen mit dem Erdapfel.

1 Strudelteig laut Grundrezept bereiten (Seite 16) und mindestens 30 Minuten entspannen bzw. rasten lassen. Oder, wenn vorhanden, einen Strudelteigrest verwenden.

2 Öl in einem kleinen höheren Kochtopf erhitzen. Strudelteig wie beschrieben auf einem Strudeltuch ausziehen. Mit einem Teigrad in Quadrate der Größe 12 mal 12 cm schneiden.

3 Den Erdapfel auf eine Fleischgabel stecken und einmal ins heiße Fett tauchen. Ein Strudelteigblatt ins heiße Fett legen und mit dem Erdapfel in der Mitte hinunterdrücken, damit sich die Tulpe formen kann.

4 Wenn der Teig fest ist, die Gabel mit dem Erdapfel herausnehmen, Tulpe umdrehen und ganz kurz fertig backen. Auf Küchenkrepp abtropfen lassen. So werden alle Teigblätter zu Tulpen gebacken.

5 Für den Fruchtsalat das Obst entsprechend vorbereiten: durchwaschen, entstielen, schneiden. Mit Honig und dem Likör vermengen und 30 Minuten im Kühlschrank durchziehen lassen.

6 Strudeltulpen auf einen Teller setzen und mit dem Fruchtsalat füllen.

7 Mit Staubzucker übersieben und sofort servieren, da der Fruchtsaft die Tulpen weich machen kann.

Tipp: *Diese Tulpen als Vorspeise mit pikantem Gemüsesalat oder Fischsalat servieren.*

Speck-Semmelstrudel

150 g Strudelteig (Rest von einem anderen Strudel) oder frischen Strudelteig bereiten:
150 g Mehl
1 Prise Salz
1 EL Essig
1 TL Öl
60 ml Wasser

Fülle
70 g Jausenspeck
10 g Petersilie
50 g Knödelbrot

50 g Butter

1 Strudelteig laut Grundrezept (Seite 16) bereiten und mindestens 30 Minuten entspannen bzw. rasten lassen. Oder, wenn vorhanden, einen Strudelteigrest verwenden.

2 Speck in kleine Würfel schneiden. Petersilie fein hacken und mit dem Speck und dem Knödelbrot vermischen.

3 Strudelteig wie beschrieben auf einem Strudeltuch ausziehen. Butter zerlassen und damit die Strudelteigfläche beträufeln. Die Fülle auf dem ersten Teigdrittel aufstreuen. Seitenränder einschlagen und Strudel mit dem Tuch einrollen.

4 Danach entweder in einem Kochtopf mit Dampfeinsatz oder im Dampfgarer 10 Minuten garen. In 3 cm dicke Stücke schneiden und mit klarer Fleisch- oder Gemüsesuppe servieren.

Tipp: *Bei der Wurst kann man sich austoben: Anstelle des Jausenspecks können auch andere Selchfleischreste, Wurstreste oder Endstücke verwendet werden.*

Heimische Frühlingsrollen

150 g Strudelteig (Rest von einem anderen Strudel) oder frischen Strudelteig bereiten:
150 g Mehl
1 Prise Salz
1 EL Essig
1 TL Öl
60 ml Wasser

Fülle
100 g durchzogener Bauchspeck
100 g Zwiebeln
400 g Weißkraut
100 g Karotten
20 ml Rapsöl
1 Ei
Salz
Pfeffer aus der Mühle
1 Prise Kurkuma
10 ml Apfelessig

1 Ei zum Bestreichen

1 Strudelteig laut Grundrezept (Seite 16) bereiten und mindestens 30 Minuten entspannen bzw. rasten lassen. Oder, wenn vorhanden, einen Strudelteigrest verwenden.

2 Speck sehr fein schneiden. Zwiebeln schälen und in feine Streifen schneiden. Vom Weißkraut wenn notwendig die äußeren Blätter entfernen, Strunk vom Kraut abschneiden und dann sehr fein schneiden. Karotten schälen und grob raspeln.

3 In einer Pfanne das Rapsöl erhitzen und Zwiebeln und Speck darin gut anschwitzen.

4 Das Kraut mit den Karotten dazugeben und ca. 20 Minuten weichdünsten. Auskühlen lassen, Ei zufügen und gut mit den Gewürzen und dem Essig abschmecken.

5 Den Strudelteig dünn ausrollen und in 32 Quadrate (ca. 15 mal 15 cm) schneiden. Das Gemüse je in die Mitte des Quadrates geben, drei Teigecken des Quadrates über dem Gemüse einschlagen und locker einrollen. Die Ränder mit verquirltem Ei bestreichen.

6 Die Frühlingsrollen im vorgeheizten Backrohr bei 180 °C goldbraun backen.

Tipp: *Rohe Frühlingsrollen können eingefroren und nach dem Auftauen wie frische Rollen gebacken werden.*

Lachsforellenpackerl

150 g Strudelteig
(Rest von einem anderen Strudel) oder frischen Strudelteig bereiten:
150 g Mehl
1 Prise Salz
1 EL Essig
1 TL Öl
60 ml Wasser

Fülle
200 g Erdäpfel
100 g Schalotten
20 ml Rapsöl
250 g Champignons
Salz
weißer Pfeffer
600 g Lachsforelle

1 Ei zum Bestreichen

1 Strudelteig laut Grundrezept (Seite 16) bereiten und mindestens 30 Minuten entspannen bzw. rasten lassen. Oder, wenn vorhanden, einen Strudelteigrest verwenden.

2 Die Erdäpfel kochen, schälen und blättrig schneiden. Die Schalotten schälen und fein schneiden.

3 Öl in einer Pfanne erhitzen und Schalotten darin goldgelb anbraten. Champignons waschen, putzen und blättrig schneiden. Diese zu den Schalotten geben und mitrösten. Erdäpfelscheiben dazugeben und ebenfalls kurz mitrösten. Mit Salz und Pfeffer würzig abschmecken und auskühlen lassen.

4 Lachsforellen in 8 gleich große Streifen schneiden und mit Salz und Pfeffer würzen.

5 Den Strudelteig dünn ausrollen und in 8 Quadrate (ca. 15 mal 15 cm) schneiden.

6 Das Röstgemüse in die Mitte der Quadrate geben und jeweils ein Stück Fisch darauflegen. Die Teigenden hochheben und am Rand zusammendrücken, damit Packerl entstehen, wobei der Fisch sichtbar bleiben darf.

7 Auf ein mit Backpapier belegtes Backblech legen und mit Ei bestreichen. Im vorgeheizten Backrohr bei 170 °C ca. 20 Minuten goldbraun backen. Mit Zitronenrahm (Seite 22) servieren.

Tipps: *Lieber Fleisch als Fisch? Es kann auch ein kurz angebratenes Schweinsfilet verwendet werden. Und anstelle der Pilz-Erdäpfelfülle eignet sich Blattspinat ganz hervorragend.*

Bärlauchröllchen

150 g Strudelteig (Rest von einem anderen Strudel) oder frischen Strudelteig bereiten:
150 g Mehl
1 Prise Salz
1 EL Essig
1 TL Öl
60 ml Wasser

Fülle
50 g frischer oder tiefgefrorener Bärlauch
2 Knoblauchzehen
1 Ei
100 g Rahmbrie
Salz
Pfeffer

1 Ei zum Bestreichen
Grobsalz und Kümmel zum Bestreuen

1 Strudelteig laut Grundrezept (Seite 16) bereiten und mindestens 30 Minuten entspannen bzw. rasten lassen. Oder, wenn vorhanden, einen Strudelteigrest verwenden.

2 Bärlauch quer in ca. 1 cm breite Streifen schneiden. Knoblauch schälen und fein schneiden. Ei mit Rahmbrie und den Gewürzen gut verrühren und mit Bärlauch und Knoblauch vermengen.

3 Den Strudelteig dünn ausrollen und in 16 Quadrate (ca. 12 mal 12 cm) schneiden.

4 Auf einer Seite der Teigenden 10 cm lang die Fülle auflegen. Teigränder einschlagen und mit der Fülle zu einer kleinen Rolle einrollen.

5 Auf ein mit Backpapier belegtes Backblech legen und mit Ei bestreichen sowie mit Grobsalz und Kümmel bestreuen. Im vorgeheizten Backrohr bei 170 °C 20 Minuten goldbraun backen. Als Snack servieren.

Tipp: *Die Röllchen können mit allem gefüllt werden, worauf man Lust hat. Egal ob süß oder pikant, beispielsweise mit einer fruchtigen Marmelade oder mit frischen Tomaten.*

Langos

150 g Strudelteig (Rest von einem anderen Strudel) oder frischen Strudelteig bereiten:
150 g Mehl
1 Prise Salz
1 EL Essig
1 TL Öl
90 ml Wasser

Zum Bestreichen
4 Knoblauchzehen
1 Frühlingszwiebel
40 ml Rapsöl
Salz

500 ml Öl zum Ausbacken

1 Strudelteig laut Grundrezept (Seite 16) bereiten und mindestens 30 Minuten entspannen bzw. rasten lassen. Oder, wenn vorhanden, einen Strudelteigrest verwenden.

2 Die Knoblauchzehen schälen und sehr fein schneiden. Die Frühlingszwiebel in feine Ringe schneiden. Öl, Salz, Knoblauch und Frühlingszwiebel vermengen.

3 Strudelteig in 16 kleine Stücke teilen und einzeln zusammenkneten. 15 Minuten entspannen lassen. Öl in einer Pfanne erhitzen. Strudelteigkugeln zuerst kurz auswalken, dann noch ein wenig ausziehen und im Fett goldbraun backen.

4 Auf Küchenkrepp kurz abtropfen lassen, mit dem gewürzten Knoblauchöl bestreichen und servieren.

Tipp: *Süße Langos genauso vorbereiten und backen und dann mit Honig und Zimt bestreichen.*

Alphabetisches Rezeptregister

Ⓥ vegetarischer Strudel

Auflage:

2020	2019	2018	2017
4	3	2	1

Erlerstraße 10, A-6020 Innsbruck
E-Mail: loewenzahn@studienverlag.at
Internet: www.loewenzahn.at

Umschlag- und Buchgestaltung sowie grafische Umsetzung:
Johanna und Stefan Rasberger — www.labsal.at

Fotografien: Miguel Dieterich
Keramikgeschirr: Romana Widder-Lunzer — www.widder-lunzer.at

Gedruckt auf umweltfreundlichem, chlor- und säurefrei gebleichtem Papier.

Bibliografische Information Der Deutschen Bibliothek
Die Deutsche Bibliothek verzeichnet diese Publikation in der Deutschen Nationalbibliografie; detaillierte bibliografische Daten sind im Internet über <http://dnb.ddb.de> abrufbar.

ISBN 978-3-7066-2615-6